AtV AUFBAU THEMA

WILHELM VON STERNBURG wurde 1939 in Stolp geboren und ist in Wiesbaden aufgewachsen. Er studierte Volkswirtschaft und Geschichte. Während des Studiums machte er eine kaufmännische Lehre. Nach einem Volontariat arbeitete er mehrere Jahre in den politischen Redaktionen verschiedener Tageszeitungen. 1975 wurde er Leiter eines Hörfunkstudios der ARD. 1979 ging er zum Fernsehen, war zunächst für die regionale Berichterstattung des Hessischen Rundfunks verantwortlich, baute dann eine Fernsehnachrichtensendung auf und war von 1989 bis 1993 Chefredakteur Fernsehen des Hessischen Rundfunks in Frankfurt. Er hat einige Filme für die ARD gedreht, moderierte mehrere politische und kulturelle Sendungen und war Kommentator in den »Tagesthemen«. Seit 1994 lebt er als freier Autor in Wiesbaden und Irland. Sternburg ist Kommentator für mehrere Landesrundfunkanstalten der ARD und schreibt für die »Frankfurter Rundschau« und »Die Zeit«.

Buchveröffentlichungen u. a.: Adenauer. Eine deutsche Legende (1987); Arnold Zweig. Eine Biographie (1990); Fall und Aufstieg der deutschen Nation (1993); Lion Feuchtwanger. Ein deutsches Schriftstellerleben (Aufbau-Verlag 1994); »Es ist eine unheimliche Stimmung in Deutschland«. Carl von Ossietzky und seine Zeit (Aufbau-Verlag 1996).

Wilhelm von Sternburg

# Warum wir?

Die Deutschen und der Holocaust

Aufbau Taschenbuch Verlag

Herausgegeben von Wilhelm von Sternburg

ISBN 3-7466-8506-0

1. Auflage 1996
© Aufbau Taschenbuch Verlag GmbH, Berlin 1996
Umschlaggestaltung Preuße/Hülpüsch unter Verwendung
eines Fotos aus dem Bildarchiv Preußischer Kulturbesitz
Satz LVD GmbH, Berlin
Druck Elsnerdruck GmbH, Berlin
Printed in Germany

Für Maxi

# Inhalt

## Zur Rolle der Ideologien

Kein Volk entgeht seiner Geschichte. Vieles, was wir in unserem alltäglichen Handeln und unserem Denken unreflektiert als Selbstverständlichkeit akzeptieren, beruht auf jahrhundertealten kulturellen und politisch-materiellen Traditionen. Die Menschen der Antike verarbeiteten die Überlieferung aus der für sie im dunkeln der Zeiten liegenden Vorwelt in ihren großen Mythen und Tragödien. Das europäische Mittelalter suchte angesichts der Unerklärbarkeit massenhafter Seuchen, der Bildung aggressiver neuer Großreiche und im Zuge der das Weltbild revolutionierenden Christianisierung Zuflucht im Aberglauben und im irdischen Endzeitdenken. Die abendländische Moderne setzte mit der Ratio des Humanismus, der lichten Ästhetik der Renaissance, mit Martin Luthers Postulat der Freiheit des Christenmenschen ein. Thomas Hobbes Lehre von der Unfreiheit des Willens und dem alles steuernden Selbsterhaltungstrieb, Spinozas philosophisch-methodische Forderung, den Menschen als einen Teil der Natur darzustellen und zu deuten, seine Erkenntnis, daß das auf Vernunft basierende Selbstinteresse des Einzelnen zur Bildung aufgeklärter Gesellschaften führt, gab ihr neben den technologischen und geldwirtschaftlichen Entwicklungen neue Perspektiven. Montesquieu lieferte mit seiner Beschreibung der Gewaltenteilung erste entscheidende Hinweise auf den modernen Verfassungsstaat.

Die großen Revolutionen des 18. Jahrhunderts im Nordamerika der Jeffersons, Franklins und Washingtons und im Frankreich der Girondisten und Jacobiner, deren Denken von Voltaire, Rousseau, Diderot und Turgot geprägt war, entwickelten das Naturrecht, gaben dem Einzelmenschen seine individuelle Würde, forderten die Gleichheit und schwärmten von der Brüderlichkeit. Adam Smith legte in diesen Jahrzehnten die Grundlagen der neuzeitlichen Wirtschaftstheorie und propagierte die Selbstregulierung des Handels, die den Staat als Alleinherrscher über die Ökonomie ablösen sollte und den modernen Kapitalismus begründete. In Königsberg verfaßte Immanuel Kant seine großen ethischen Aufklärungsutopien.

Das 19. Jahrhundert, geprägt von der industriellen Revolution, dem Triumph der Naturwissenschaften, der Säkularisierung der Gesellschaften und dem Glauben an einen unaufhaltsamen Fortschritt der Geschichte, schuf die Ideologien, die unser Jahrhundert zu einer barbarischen historischen Epoche verkommen lassen sollten: Hegels »Weltgeist«, der alles schon richten wird, Darwins biologische Deutung der Artenentwicklung, Gobineaus Rassenlehre, die Marxsche Welt der Klassenkämpfe, Proudhons Kritik an der bestehenden Eigentumsordnung, Cecil Rhodes elitärer imperialistischer Weltmachtanspruch der europäischen Großmächte, Sorels Gewalttheorie. Die den Lebensalltag aller gesellschaftlichen Schichten erfassenden Umwälzungen führten zur Auflösung von Strukturen, die bis dahin für unzählige Generationen Gültigkeit besessen hatten und lösten schwere Identitätskrisen aus. Im Zuge der industriellen Revolution erlebten die Städte bis zur Jahrhundertwende einen massenhaften Zuzug, die schnell wachsenden Zentren wurden zum Sammelbecken von hereinströmenden Lohnarbeitern. Unsägliche Wohnbedingungen, Ausbeutung und Armut, die nicht mehr von den zerstörten alten Familienbanden und den vertrauten regionalen Gesellschaftsstrukturen aufgefangen werden konnten, wurden für Millionen zum Schicksal.

Neue Feindbilder entstanden. Handwerker und Kleinhändler erlebten ohnmächtig die unbesiegbare Konkurrenz der industriellen Produktion und der Warenhäuser, die Arbeiter blieben rechtlos, die Bauern radikalisierten sich angesichts der landwirtschaftlichen Billigimporte aus Rußland, später der Vereinigten Staaten. Die ökonomischen Wachstumszwänge und die Reichtumsgier der europäischen Eliten ließen die Großmächte rastlos nach neuen Märkten suchen, die sie dank der modernen Waffentechnologie mit Feuer und Massenmord in Afrika, Asien und Südamerika auch eroberten. Die Höhe der Opfer in den modernen Kriegen erreichte Dimensionen, die frühere Schlachten nicht kannten. Die neuen »Lehren« erfuhren populistische Interpretationen, die den staatlich organisierten Mord legalisierten.

Der Liberalismus, der im 19. Jahrhundert zunächst in Politik und Ökonomie zum – zumindest theoretisch – herrschenden Prinzip wurde, scheiterte am Widerspruch zwischen dem individuellen Freiheitspostulat und dem wachsenden Einfluß des Staates. An seine Stelle traten für die kommenden Jahrzehnte als entscheidende geistig-politische Strömungen der Nationalismus und der Sozialismus. Die Nation wurde zum Fetisch. Ihre Propagandisten stellten die Staatsidee über die Menschenrechte, das Individuum hatte sich dem Kollektiv unterzuordnen. Sie untermauerten diesen Anspruch mit den pseudowissenschaftlichen Argumenten der Rassenlehre und einem zynischen Sozialdarwinismus. »Wertes« und »unwertes« Leben entschied sich in der Zugehörigkeit zu einer überlebensfähigen Rasse, die Vermischung mit Angehörigen »niederer« Rassen, so warnten die »Völkischen«, bedrohe die »reine« Kraft des Herrenvolkes und führe in den Untergang. Darwins mißverstandene Lehre wurde zum »Kampf ums Dasein« in der Gesellschaft, zur Selektion der Schwachen durch die Starken pervertiert.

Eine solche Ideologie traf in erster Linie die in den europäischen Ländern lebende jüdische Minderheit. Der Antisemitismus, bislang theologisch motiviert, erhielt mit der Rassentheorie eine »naturwissenschaftliche« Neuinterpretation, die für die Betroffenen weder durch die Taufe noch durch eine vollständige nationale und gesellschaftliche Assimilation aufzuheben war. Die Juden wurden zum Sündenbock für alle Übel dieser Welt. Ein weiterer Effekt der Rassenlehre war die Verdrängung der Vernichtungsraubzüge der imperialistischen Großmächte in den Empfindungen der europäischen Gesellschaften. Das britische Königreich und die französische Republik gründeten ihre Kolonien in Afrika oder Indien auf Bergen von Leichen. Ganze Völkerschaften wurden ausgerottet oder versklavt. Auch die Armee des Deutschen Kaiserreichs, kolonialpolitisch ein Spätstarter, vernichtete 1904 in Deutsch-Südwestafrika während eines grausamen Feldzugs das Volk der Herero. Die fehlende Empörung in den »zivilisierten« Eliten Europas angesichts solcher alle humanen Maßstäbe brechenden Aktionen läßt sich nur dadurch erklären, daß hier »Neger« oder Inder als Angehörige »minderwertiger« Völker angesehen wurden, deren Leben im großen Kampf der Rassen wertlos geworden war.

Der Sozialismus fand schon in der zweiten Hälfte des 19. Jahrhunderts ein starkes Echo. Mit der wachsenden Industrialisierung begann die Arbeiterbewegung zu einem wichtigen Machtfaktor in den westlichen Nationen aufzusteigen. Pragmatisch in den Fragen der Tarifpolitik und der parlamentarischen Arbeit, gab sie sich radikal in ihren theoretischen Ansprüchen. Karl Marx, Kind einer Zeit, in der die Naturwissenschaften aufblühten und zunächst euphorisch auf die gesetzmäßigen Entwicklungen von Leben und Weltenstaat vertrauten, hatte die Revolution als einen quasi unabwendbaren Automatismus gesellschaftlicher Evolution geschildert. Mit Lenins Eintritt in die Geschichte erfuhr die sozialistische Theorie eine entscheidende Variante: Im Gegensatz zu Marx und Engels forderte er das aktive Handeln einer machtbewußten und tatkräftigen Elite. Dies sei der einzige Weg zur erfolgreichen Revolution des Proletariats.

Mit dieser Aktions- und Elitetheorie überschnitten sich Nationalismus und die leninistische Richtung des Sozialismus in einem zentralen Bereich. Beide Ideologien wiesen damit den Demokratiegedanken, also die Herrschaft der Mehrheit, radikal zurück. Da die aktive Minderheit im Besitz der Wahrheit ist, hat sie das Recht zum Staatsstreich und zur Führung der »unwissenden« Massen. Im weiteren Verlauf führte dieses Denken zu den beiden großen totalitären Systemen des 20. Jahrhunderts: dem Faschismus bzw. Nationalismus und dem Bolschewismus bzw. Maoismus. Mussolini, Hitler, Franco und Salazar gingen diesen Weg ebenso wie Lenin, Stalin, Mao Tse Tung oder Ho Chi Min.

Die Ideologen beider Richtungen beriefen sich auf die gleichen »Lehrer«. Einer von ihnen war der Franzose Georges Sorel, der vom orthodoxen Marxismus zur nationalistischen »Action française« wechselte und nach dem Ersten Weltkrieg sowohl die Machtübernahme Lenins als auch den Sieg Mussolinis begrüßte. Die russische Revolution und der italienische Faschismus galten Sorel als Überwinder der europäischen Dekadenz, die er vor allem im demokratischen System zu erkennen glaubte.

Wichtigen Einfluß gewannen auch die letztlich totalitären Elitetheorien des Italieners Vilfredo Pareto. Demokratie und die damit verbundene politische Liberalität deutete er als gefährliche Beliebigkeit im politischen Handeln, die zum Scheitern führen müsse. Pareto plädierte für eine Zirkulation der Eliten, die sich durch die permanente Revolution automatisch ergeben würde. Auch bei dem Italiener zeigte sich der unter den Intellektuellen weitverbreitete Pessimismus über den Zustand der europäischen Gesellschaften, der sie verstärkt zu antidemokratischen Positionen führte.

Die beiden Ideologien, deren Wurzeln im Nationalgedanken und in der Idee der sozialen Gleichheit zu finden sind, wiesen also in manchen Punkten Parallelen auf. Am Ende war nicht nur das Einparteiensystem ihr gemeinsames Kennzeichen, sondern bei Hitler und Stalin zeigte sich eine systemimmanente und im wahrsten Sinne des Wortes grenzenlose Menschenverachtung, die für Millionen Bürger Lagerhaft, Folter und Tod bedeutete. Das Individuum sank zum namenlosen Sklaven des Kollektivs herab, das wiederum für die Herrschaftsinteressen der allwissenden Partei instrumentalisiert wurde. Hitler gelang ein ideologischer Coup, indem er behauptete, die beiden bedeutendsten politischen Denkrichtungen des Zeitalters im »National-Sozialismus« vereint zu haben. Wobei es ihm natürlich weder um das Wohl der Nation noch um die Rechte der Arbeiter ging, sondern allein um die Verwirklichung seiner Eroberungspläne in Richtung Osten, also die Gewinnung von »Lebensraum für das germanische Volk«, und die Umsetzung seiner rassenpolitischen Vorstellungen. Übrigens wissen viele ehemalige Völker der Sowjetunion ein Schreckenslied vom »Nationalisten« Stalin anzustimmen.

Nationalismus und Sozialismus wurden zu Glaubenslehren. Ihre Anhänger gehorchten keiner Ratio mehr, sondern suchten in auf diesen Ideologien gegründeten Massenorganisationen Ersatz für den Verlust einer sich in Jahrhunderten verfestigten christlich-feudalen Welt. Die Partei wurde zum Kirchenersatz, ihre Führer übernahmen die Rolle der einst angebeteten »Heiligen«. Das Wort der neuen politischen Päpste, die Entscheidung der Partei wurden zum unumstößlichen Dogma. Wer widersprach, war ein Ketzer, der verbrannt wurde. Die alte Ordnung war zerbrochen, ihren Platz nahmen nicht auf Vernunft, sondern auf Heilslehren und Gewalt aufgebaute Systeme ein.

Der Ausbruch des Ersten Weltkriegs war zweifellos die Folge politisch-diplomatischer Großmachtpolitik und ein militärischer Versuch, die Vorherrschaft auf den

Weltmärkten zu erobern. Der Jubel, mit dem Europas Intellektuelle die große Schlacht begrüßten oder die einberufenen Soldatenmassen blumengeschmückt und lachend auf die Schlachtfelder zogen, weist aber auch auf andere Dimensionen gesellschaftlicher Befindlichkeit hin. Der Krieg wurde als »Befreiung« oder gar »Erlösung« empfunden. Der Mehrheit erschien er als notwendige Antwort auf die »Dekadenz« der Moderne und auf gesellschaftliche »Entfremdung«. Schopenhauers melancholischer Pessimismus und Nietzsches wortgewaltige Kulturkritik hatten dies auf prägnante Art schon prophetisch formuliert.

Natürlich löste der Krieg nichts. Im Gegenteil, die gewaltigen Menschenverluste, die er mutwillig herausgefordert hatte, die gigantische, nur den wenigen »Kriegsgewinnlern« zugute kommende Verschwendung wirtschaftlicher Ressourcen und die rasch erkennbar werdende, desillusionierende Wirklichkeit des Stellungskrieges, wo nicht »erlöst«, sondern nur qualvoll gestorben wurde, verschärften die ökonomischen und gesellschaftlichen Krisen. Es gab keine Sieger, sondern nur Verlierer. Deutschland lag am Boden, das Habsburg- Reich war aus der Geschichte verschwunden, Frankreich litt unter den ökonomischen Lasten, die der Krieg ihm auferlegt hatte, das britische Empire zeigte erste Auflösungserscheinungen, Rußland versank in revolutionären Wirren, Italien verfiel dem Faschismus, Amerika, von den Versailler Friedensverhandlungen und den Entwicklungen in Europa enttäuscht, zog sich vom Kontinent zurück, die jungen, neuen Staaten auf dem Balkan und Polen entwickelten sich zu halb- oder volldiktatorischen Systemen, die tschechoslowakische Republik kriselte, weil sie zu keiner ausgleichenden Minderheitenpolitik fand.

Waren die großen ideologischen Auseinandersetzungen, die die Nationalisten und Radikalsozialisten vor dem Krieg führten, weitgehend mehr theoretisch als politisch praktisch spürbar, fanden Rassenlehre, Elitetheorie, »Kampf um Lebensraum«-Politik, antidemokratisches Denken und der Ruf nach der kommunistischen Weltrevolution nach dem Krieg ein erheblich breiteres Echo. Die Angst vor »bolschewistischen Verhältnissen« bewirkte in nahezu allen Staaten eine Stärkung der militanten Rechtsradikalen, für die Mussolinis erfolgreicher »Marsch auf Rom« zum Signal wurde. Die hektischen ökonomischen Konjunkturverläufe, die durch die Verknüpfungen des Welthandels neue Dimensionen erreichten und in der Weltwirtschaftskrise Ende der zwanziger Jahre gipfelten, vernichteten den Mittelstand, Inflationen ließen unzählige große und kleine Vermögen wertlos werden, die starken Industrienationen blieben von massenhafter Arbeitslosigkeit nicht verschont.

Die Schuldigen für den verlorenen Krieg oder die ökonomisch-gesellschaftlichen Krisenerscheinungen hatten Nationalisten und »Völkische« rasch gefunden: die schwachen Demokratien, die Weltherrschaft des internationalen Judentums, die Verweichlichung der nicht in militärischer Disziplin geformten Jugend, die mangelnde Identifikation mit Volk und Nation in weiten Teilen der gesellschaftlichen Eliten, die zersetzende Kritik der Intellektuellen und Künstler, die Bolschewisten. Letztere wußten nicht weniger schlicht die Verursacher allen Übels zu benennen: die Großkonzerne und Bonzen, die Sozialfaschisten (womit die Sozialdemokratie und die nicht-revolutionären Sozialisten gemeint waren) und die korrupten Demokraten, die am Gängelband der Industrie hingen.

Die Chancen auf einen friedlichen Interessenausgleich rückten in dieser Atmosphäre in immer weitere Ferne. Auch in den bürgerlichen Kreisen oder in den demokratischen Parteien wurde Mussolini bewundert, fand das »Führerprinzip« viele Anhänger. Angesichts der scheinbar nicht zu bewältigenden Krisen wurden die Demokraten von wachsenden Selbstzweifeln heimgesucht. Der Antisemitismus war seit Jahrhunderten ein europäisches Phänomen, er hatte die bürgerlichen und kleinbürgerlichen Schichten Deutschlands, Frankreichs, Großbritanniens, Amerikas, Rußlands oder Polens erfaßt. Jetzt erreichte er eine neue Dimension.

Die große Auseinandersetzung, die Europas Gesellschaften seit der Französischen Revolution gespalten hatte – auf der einen Seite die tolerante, aufgeklärte und demokratische Nation, auf der anderen der konservativ-elitäre, autoritäre und antidemokratische Anspruch auf eine Minderheitenherrschaft –, erhielt bald vollends irrationale Züge. Für die Rechtsradikalen ging es jetzt um den großen epochalen »Endkampf« der Rassen und Völker. In Italien, in Deutschland oder in Frankreich bildeten sich Parteien und Organisationen, die unter Berufung auf den rassistischen und nationalistischen Geist des 19. Jahrhunderts eine Zukunft forderten, die die Welt in Herren- und Sklavenvölker aufteilte. Ihre Antworten auf die Probleme der Zeit waren militant, irreal und in vielen Staaten äußerst wirkungsvoll. Faschisten, Nationalsozialisten, radikale Monarchisten und nationalistische Konservative sammelten sich nicht mehr nur in Parteien, sondern in »Bewegungen«, es ging nicht mehr um eine praktische Politik der Sachlösungen, sondern um »Weltanschauung«. Von Imperien redeten sie, die es mit Krieg und Vernichtung zu errichten gelte, das Volk sollte nicht mehr Bürgergesellschaft sein, sondern eine wehrhafte, erobernde Armee, stets bereit zum Kampf um neuen Lebensraum und zur Unterdrückung der sich erhebenden Sklavenvölker.

Dieses wirre, nur auf Tod, Macht, Herrschaft und einen totalitären Staat ausgerichtete Denken fand eine fanatisierte Anhängerschaft, die mit der sich ausbreitenden Krise der Demokratien sprunghaft anstieg. In Ungarn übernahm Horthy bereits 1920 die Macht, Mussolini zerstörte die italienische Republik 1922, Portugal erlebte seinen Militärstaatsstreich 1926, in Rumänien wütete die »Eiserne Garde« seit 1927, Hitler war in Deutschland 1933 am Ziel, Franco siegte 1939 nach einem blutigen Bürgerkrieg in Spanien. In Frankreich blieben diese Kräfte in der Minderheit, die Republik konnte sie erfolgreich in Schach halten, aber in den Jahren des Vichy-Regimes sollte sich zeigen, wie bereit auch das Land der Großen Revolution für die Visionen eines rassistischen und nationalistischen Staates war. Großbritannien blieb aus dieser Sicht ungefährdet. Die neutrale Haltung Londons im spanischen Bürgerkrieg oder der sehr weitgehende Versuch, sich mit Hitler in der zweiten Hälfte der dreißiger Jahre zu arrangieren, und die Bewunderung, die der deutsche Diktator in vielen Kreisen Englands fand, machen jedoch bewußt, wie anfällig auch die älteren Demokratien für den omnipotenten Ordnungsstaat waren.

Im bolschewistischen Rußland offenbarte sich sehr bald, daß die »Diktatur des Proletariats« jede Opposition nicht nur politisch, sondern auch physisch zu vernichten gewillt war. Schon unter Lenin begannen sich Repression und Vernichtung auszubreiten. Mit seiner Billigung schlug die Rote Armee unter Führung von Trotzki und Tuchatschewski im Februar 1921 den Aufstand der Kronstädter Matrosen nieder, die Zensurfreiheit für die linke Presse, Zulassung aller sozialistischen Parteien, Freiheit für politische Gefangene und die Neuwahl der Sowjets gefordert hatten. Stalins erste Säuberungsprozesse Ende der zwanziger Jahre und die Liquidierung der Kulaken im Zuge der landwirtschaftlichen Kollektivierung überzogen das Riesenreich dann mit Terror. Für unzählige Sowjetbürger wurde aus dem Tag für Tag gepriesenen »Arbeiterparadies« die Hölle der Gulags, Folterkammern und Erschießungskommandos. Im Nationalsozialismus beriefen sich die Mörder auf den unscharfen und alle Schreckenstaten legitimierenden Begriff »Volk«, im Stalinismus mußte dafür die »Klasse« herhalten.

Die hier skizzierten geistigen und politischen Strömungen hatten ihren Ursprung im 19. Jahrhundert. Zum allesbedrohenden Sprengstoff wurden sie in den radikalen Massenbewegungen unseres Jahrhunderts. Was lange lediglich Diskussionsstoff kleiner intellektueller Zirkel war, riß nun die Völker mit. In einer seltsamen Mischung aus modernsten Organisations- und Propagandamethoden einerseits und archaischer Beschwörung völkischer oder klassenkämpferischer Utopien andererseits gelang es den ideologischen Scharlatanen, ein Blendwerk zu errichten, das im Grunde nur einem Ziel zu dienen hatte: die Menschen davon zu überzeugen, daß sie im Dienst für Staat, Volk, Nation, Führer, Bewegung, Partei oder Klasse alle moralischen und ethischen Hemmungen abzulegen hätten. Es war nun nicht mehr nur »süß«, fürs Vaterland zu sterben, sondern auch zu morden, zu foltern oder ganze Völkerschaften zu vertreiben und zu vernichten.

Keine der großen Nationen war frei von diesen Erscheinungen. Aber sie wirkten sich in den einzelnen Staaten und politischen Systemen unterschiedlich aus. Ältere demokratische Traditionen führten beispielsweise dazu, daß die Dämme gegen das neue Barbarentum in den entscheidenden historischen Augenblicken hoch genug waren. Der italienische Faschismus war brutal, aber er erreichte nie die Vernichtungsdimensionen des Nationalsozialismus, weil die kulturelle und historisch gewachsene Mentalität der Römer und Venezianer auch unter der Herrschaft der Schwarzhemden dies nicht zuließ. In den innenpolitischen Wirren und Machtkämpfen der neuen Staatsgebilde auf dem Balkan der zwanziger und dreißiger Jahre läßt sich noch vieles vom Erbe des osmanischen Reiches erkennen. Rußland hatte Jahrhunderte des Despotismus hinter sich, mit Lenin und Stalin wechselten lediglich die Namen der Zaren. Und Deutschland?

## Die Debatte über deutsche Kollektivschuld

Warum wir? Wie ist es möglich gewesen, daß all diese aggressiven und vielerorts zum Totalitären neigenden Entwicklungen der europäischen Welt in der hochzivilisierten Nation der Deutschen ein so unvergleichbares Ausmaß erreichen konnten, das schließlich den Namen Auschwitz unauslöschbar mit ihrem Namen verbinden sollte? Nach zwölf Jahren Diktatur in Deutschland war das europäische Judentum nahezu vollständig vernichtet, in Polen und Rußland gab es 1945 kaum eine Familie, die nicht ein Kriegs- oder Terroropfer zu beklagen hatte, Frankreich, Belgien, Holland, Dänemark, Norwegen, die Tschechoslowakei, Jugoslawien, Griechenland und schließlich kurz vor dem Ende sogar der Achsen-Partner Italien erlebten und erlitten die Deutschen als brutale militärische Besatzer. Als die Welt die Deutschen niedergerungen hatte, war das Land der Täter zerstört, wurde es von riesigen Flüchtlingswellen der aus Ostpreußen, Pommern, Schlesien und dem Sudetenland Vertriebenen überflutet, lebten die arischen Herrenmenschen hungernd in Trümmerlandschaften, politisch total entmachtet und moralisch diskreditiert. Rund 50 Millionen Tote waren die Bilanz eines Rassen- und Vernichtungskrieges, den die Deutschen mutwillig, getrieben von einem wahnwitzigen Herrschaftsanspruch, ausgelöst hatten.

Die Fassungslosigkeit über das Geschehen spiegelte sich schon in den frühen Jahren der Hitlerdiktatur in den Schriften, Briefen oder Tagebüchern der deutschen Exilanten oder unserer Nachbarn wider, als Massenverhaftungen, Konzentrationslager, politischer Mord und Judenverfolgungen den Alltag in Deutschland beherrschten. Sie wuchs, als endgültig offenbar wurde, zu welchen Taten Deutschland fähig gewesen war, mit welcher enthemmten Vernichtungsgewalt es verwirklicht hatte, was der zivilen Welt trotz aller verbalen und ideologischen Droh- und Gewaltgebärden des Dritten Reiches letztlich doch unmöglich erschienen war.

War dies nicht die Nation Bachs, Kants, Lessings, Goethes oder Schillers? War dies nicht das Land der für die damalige Zeit keineswegs selbstverständlichen preußischen Toleranzedikte in den Jahren des großen Kurfürsten und des Voltaire-Liebhabers Friedrich? Hatte nicht einmal der preußische Kanzler Karl August von Hardenberg formuliert: »Ich stimme für kein Gesetz der Juden, das mehr als vier Worte enthält: Gleiche Pflichten, gleiche Rechte«? Hatten die Steinschen und Hardenbergschen Reformen nicht ein von der Welt neidvoll gesehenes Staats- und Beamtenrecht geschaffen? Hatten nicht Militärs wie Scharnhorst und Gneisenau den »demokratischen« Freiheitskampf gegen Napoleons Herrschaft über Europa mit ihren Reformideen entscheidend mitbeeinflußt? War hier nicht im Zuge der Humboldtschen Ideen ein beispielhaftes Bildungssystem etabliert worden? Hatte Deutschland seit Bismarcks Tagen nicht ein unvergleichliches Sozialsystem entwickelt und im 19. Jahrhundert der Welt unzählige naturwissenschaftliche und kulturelle Hochleistungen geschenkt, was sich auch in der Ehrenliste der Nobelpreisträger niederschlug? Wurden sie nicht bis 1933 trotz der Katastrophe des Ersten Weltkrieges und der Wirren in den Weimarer Jahren bewundert bei allen Nachbarn (auch beim »Erbfeind« Frankreich), diese zwar etwas hochmütigen, aber tüchtigen, ordentlichen und ökonomisch so ungemein erfolgreichen Deutschen?

Das Dritte Reich hinterließ nicht nur einen materiellen, sondern auch einen geistig-moralischen Trümmerhaufen. Die Deutschen, besetzt und politisch entmündigt, schwiegen. Die Ungeheuerlichkeit des Geschehens, das sie zu verantworten hatten, löste massenpsychologische Verdrängungen aus. Sie empfanden Schande, aber kaum Scham. Hitler wurde dämonisiert, seine Herrschaft als ein durch schicksalhafte Ereignisse ohne eigentliches Wollen der Bevölkerung eingetretener »Betriebsunfall« der eigenen Geschichte interpretiert. Als sie durch die Veröffentlichung von Dokumenten und Bildern, Berichten und Gerichtsaussagen mit dem Ausmaß des Holocaust und des östlichen Rassenkrieges konfrontiert wurden, flüchtete die Mehrheit in die Haltung: »Das haben wir nicht gewußt.«

Zudem behinderten die weltpolitischen Konstellationen in dem geteilten und besetzten Land die notwendige historische und moralische Aufarbeitung der Täter-Vergangenheit. Der sich sehr schnell herauskristallisierende Ost-West-Konflikt rückte die Bundesrepublik und die Deutsche Demokratische Republik in eine strategisch herausragende Rolle. Im westlichen Deutschland konnten sich die Menschen bald in gewohnten politischen Denkkategorien bewegen: Der Antibolschewismus stand ganz in der Kontinuität der bürgerlichen Politik Weimars und der Ideologie Hitlers. Allerdings strich man das erste Wort der allbekannten Warnung vor der »jüdisch-bolschewistischen Gefahr«. Waren die Nürnberger Kriegsverbrecherprozesse gegen die führenden Figuren des Naziregimes noch ein nicht nur notwendiger, sondern auch erfolgreicher Schritt, Verantwortung offenzulegen und haftbar zu machen, scheiterte der Versuch der Entnazifizierungskampagne in den westlichen Zonen kläglich. Die Oberschicht eines ganzes Volkes hätte von allen öffentlichen Ämtern oder den Leitungen wichtiger gesellschaftlicher Organisationen ferngehalten werden müssen. Doch bald übernahmen nicht nur die Globkes, Oberländers oder Seebohms wieder wichtige Funktionen im Staat, sondern auch Richter und Verwaltungsbeamte, Lehrer und Journalisten setzten ihre Berufskarriere in der aufblühenden deutschen Demokratie recht unbeeindruckt vom Geschehen im Nazireich, dem sie willig und mit deutscher Gründlichkeit gedient hatten, fort. Viele hatten schon in den Weimarer Jahren kräftig an der Zerstörung der Republik mitgewirkt. Mancher hatte seine politische Ausbildung noch im Reich der Hohenzollern erhalten und verinnerlicht.

Waren sich die Alliierten zunächst darin einig, daß in den Verwaltungen eines neuen Deutschland nur »unbelastete« Beamte tätig sein sollten, gelang es ehemaligen Parteimitgliedern sehr bald, alte Positionen zurückzuerobern. Im ersten Entwurf zum Grundgesetz, über den der Parlamentarische Rat beraten hatte, hieß es noch: »Wer sich am 8. Mai 1945 im öffentlichen Dienst in einem Beamten- oder Angestelltenverhältnis befunden hat, kann daraus kein Recht auf Wiedereinstellung herleiten.« Die Grundgesetz-Väter aber konnten sich auf ein solch konsequentes Vorgehen nicht einigen. Am 11. Mai 1951 beschloß der Bundestag mit Inkraftsetzung der »131er-Gesetze« die Übernahme der Nazibeamten in den öffentlichen Dienst der Bundesrepublik. Das Bundesverfassungsgericht stellte aufgrund einer Klage von ehemaligen Gestapo-Beamten 1953 ausdrücklich fest: »Alle Beamtenverhältnisse sind am 8. Mai 1945 erloschen.« Das kümmerte weder den Bundesgerichtshof noch den Gesetzgeber. Hermann Weinkauff, der damalige Präsident des Bundesgerichtshofs, erklärte, der größte Teil der Beamten habe sich im Dritten Reich, »trotz des schimpflichen und rechtswidrigen Drucks«, dem Staat verpflichtet gefühlt und der Treueid habe nicht Hitler gegolten, sondern dem »obersten Staatsorgan«. 1961, als das Thema wieder im Bundestag anstand, forderte die FDP-Fraktion: »Ehemaligen Führern und Unterführern der SS-Verfügungstruppe, welche vor dem 8. Mai 1945 berufsmäßig Dienst gemacht haben, kann Versorgung auf Antrag gewährt werden.« Auch wenn dies dann nicht im Gesetz festgeschrieben wurde, hat man in der Praxis so verfahren.

Es war der Endpunkt einer Entwicklung, die sich schon unmittelbar nach Kriegsende klar abzeichnete. Über den Justizbereich schreibt Ingo Müller, dessen Buch über die »Furchtbaren Juristen« die hier angeführten Beispiele entnommen sind: »In Westfalen beispielsweise hatten 93 Prozent des Justizpersonals der NSDAP oder ihren Nebenorganisationen angehört. Im Oberlandesgerichtsbezirk Bamberg waren von 309 Juristen 302 Parteigenossen gewesen, am Amtsgericht Schweinfurt gleich alle. In ihrer Enklave Bremen fanden die Amerikaner ganze zwei Richter, die als unbelastet gelten konnten.« Müller zitiert einen Staatsrechtslehrer mit der unter den Juristen lebhaft begrüßten Bemerkung, daß die Wissenschaft »den Fortbestand des deutschen Staates mit einer Art moralischer Einstimmigkeit verteidigt« habe. Deutsche Kontinuitäten, die nicht ohne Folgen bleiben sollten. So hatten in den fünfziger Jahren zahlreiche Richter die Prozeßführung in Verfahren gegen Kommunisten, deren Genossen sie schon in der Hitler-Zeit gnadenlos abgeurteilt hatten. In den fünfziger und sechziger Jahren gab es etwa 125 000 Ermittlungsverfahren gegen Kommunisten oder andere Gegner der Adenauer-Regierung. Der gesetzliche Hintergrund basierte auf Rechtsgedanken, die praktisch nahtlos aus der Rechtssprechung des Dritten Reiches übernommen worden waren. So konnte man vom Gericht zum »Verfassungsfeind« erklärt werden, wenn die »Gesinnung« dies vermuten ließ, wenn staatsfeindliche Tätigkeiten sich im »Festhalten an Gedankengängen erschöpften, mit denen einer der freiheitlichen Demokratie entgegengesetzten Staatsauffassung gehuldigt wird«. Generalbundesanwalt Max Güde konstatierte 1961 treffend: »Die heutige politische Justiz judiziert aus dem gleichen gebrochenen Rückgrat heraus, aus dem das Sondergerichtswesen zu erklären ist.« Womit er die berüchtigten Strafkammern Hitlers meinte, die unzählige Menschen mit ihrer alltäglichen Gerichtswillkür wegen »Rassenschande« oder als »Volksschädlinge« zu drakonischen Haftstrafen verurteilten oder sie dem Henker überlieferten. Als der ehemalige baden-württembergische Ministerpräsident Hans Filbinger wegen einiger schrecklicher Urteile als Wehrmachtsrichter gestürzt wurde, erklärte er empört, es könne doch nicht heute Unrecht sein, was damals Recht war. Über die Vergangenheitsbewältigung der Juristen der Bundesrepublik in den sich dahinschleppenden, häufig eingestellten Täterprozessen oder in Verfahren, die die überlebenden Opfer angestrebt hatten, schreibt Ingo Müller: »Kaum ein Gerichtsurteil aus der Zeit zwischen 1933 und 1945 war der Nachkriegsjustiz oberflächlich, parteiisch oder unmenschlich genug, als daß es ihr nicht zumindest ›gerade noch vertretbar‹ erschien.«

Wenig anders sah es nach 1945 im Hochschulbereich aus. Schon in den Weimarer Jahren waren die Universitäten eine geistige Hochburg des rechtsradikalen Konservativismus gewesen. 1933 wurden sie personell vollständig »gesäubert«. Etwa 30 Prozent der Lehrenden, Juden und bürgerlich-liberale oder linke Dozenten, wurden entlassen und knapp 50 Prozent der Lehrstühle neu besetzt. Die einst aus politischen oder »rassischen« Gründen Hinausgeworfenen fanden nach dem Krieg an den bundesrepublikanischen Hochschulen kaum Befürworter einer Wiedereinstellung. Die Opportunisten, Mitläufer und Diener des Dritten Reiches dagegen blieben, setzten sich nachdrücklich für die Reaktivierung ihrer belasteten NS-Kollegen ein, verweigerten jeden Ansatz zu einer Demokratisierung des Lehrbetriebs und die Organisation ihrer Institution. So blieben die Universitäten für ein Vierteljahrhundert ein Hort erzkonservativen Denkens und der Verweigerung, sich mit der Vergangenheit auseinanderzusetzen.

In den frühen fünfziger Jahren begann eine atemberaubende Reaktivierungswelle der alten Nazibeamtenschaft. Im Auswärtigen Amt waren bald zwei Drittel der höheren Bediensteten ehemalige Nationalsozialisten. Einstige Mitglieder der Gestapo fanden bei der Polizei massenhaft neue Betätigung. Die als »Kriegsverbrecher« verurteilten Häftlinge, darunter höchste Würdenträger des Dritten Reiches, die verantwortlich für die Organisation der Ermordung von Juden, Russen, Polen oder die unzähligen Geiselerschießungen im Westen waren, wurden, die Folgen ihrer Taten verharmlosend, miteinbezogen in die allgemeine Diskussion um die Entlassung der Kriegsgefangenen in den Lagern der Alliierten. Da bald wieder die alten Seilschaften in den Ministerien und Bürokratien bestens funktionierten, bildete sich eine Lobby für die Rehabilitierung noch ausgegrenzter alter Parteigenossen, die erheblichen Einfluß auf die Gesetzgebung erlangte. Von den Opfern, den ungeheuren Verbrechen des Regimes sprach in diesem Zusammenhang kaum noch jemand. Eine Stimmung machte sich breit, die das Dritte Reich »historisierte«, die große Zahl seiner Träger als »anständige«, leider durch die Umstände von Pflicht und Krieg zu ihren Entscheidungen gezwungene treue Staatsbürger beschrieb. Nicht nur die großen Volksparteien CDU und SPD oder besonders die damals nationalistische FDP unterlagen diesem Denken, sondern es entsprach der Empfindung der Mehrheit der Deutschen. Wobei der Holocaust als Tat von Hitler und Himmler oder der in Nürnberg verurteilten und hingerichteten Naziführung gesehen wurde.

Vier persönliche Erlebnisse aus anderen gesellschaftlichen Bereichen der jungen Bundesrepublik können vielleicht besser als manch zeitgeschichtlicher Forschungsbericht oder als akribische Statistiken illustrieren, in welcher mentalen Situation sich das Land bis Mitte der sechziger Jahre befand. Sie haben nichts mit den großen politischen Fragen der Zeit zu tun, sondern mit dem Alltag im Deutschland der »kleinen« Täter, wie ihn wohl viele junge Menschen damals erlebt haben.

Als Fünfzehnjähriger war ich Mitte der fünfziger Jahre Mitglied einer evangelischen Pfadfinderschaft. Beim jährlichen Pfingstzeltlager gab es frümorgendliche »Appelle« durch den »Sippenführer«. Er war ein etwa sechzigjähriger Mann; Gamaschenstiefel, kurzer militärischer Haarschnitt und militärischer Sprachduktus. Morgendämmerung auf einer Waldlichtung, düsterer Trommelwirbel, stillgestanden!, Abschreiten der Knabenfront und eine Rede, in der von »Gehorsam« und »Pflicht«, dem alten »Deutschtum« und der »Mannesehre« gesprochen wurde.

Wenige Jahre später wählte ich als Oberstufenschüler Thomas Manns ironisch-feuilletonistische Novelle »Das Eisenbahnunglück« zum Referatsthema. Mein Deutschlehrer, Teilnehmer des Ersten Weltkriegs, hörte sich meinen kleinen Vortrag schweigend an, benotete ihn, obwohl ich in Deutsch stets einer der Besten war, gerade noch ausreichend und fragte mich nach dem Unterricht, warum ich ausgerechnet einen Schriftsteller gewählt hätte, der sein Vaterland in der Stunde des Entscheidungskampfes »schmählich verraten« habe.

Anfang der sechziger Jahre leistete ich meinen Wehrdienst bei der Bundesmarine ab. In der Kajüte meines damaligen Schiffsführers, eines noch recht jungen Kapitänleutnants, der kein Kriegsteilnehmer gewesen sein konnte, entdeckte ich eine Fotografie von Admiral Dönitz. Auf meine Frage, warum er ein Bild des Hitlernachfolgers und eines verurteilten Kriegsverbrechers aufstelle, erklärte er mir, Dönitz sei für ihn ein Vorbild, ein Mann, den er sehr verehre. Für die Bundesmarine verkörpere dieser Seeoffizier ein Stück großer Tradition.

Mein Vater entstammt einer preußisch-konservativen Familie. Er war mit dem Kronprinzen befreundet, wählte in den Weimarer Jahren wahrscheinlich deutschnational. Er war kein Nazi und verachtete Hitler. Er verehrte Wagner und Treitschke, war kein ausgepräg-

30

ter Antisemit, aber Franzosen, Polen und Juden belegte er gelegentlich mit abfälligen Bemerkungen. Am Krieg nahm er vom 1. September 1939 bis zum Mai 1945 als Reserveoffizier teil. Zunächst in Frankreich, dann in Polen und Rußland. Er hatte Kontakte zu einigen Offizieren aus dem Umkreis der Attentäter des 20. Juli, wenige Tage vor Kriegsende wurde er vom berüchtigten General Schörner in Abwesenheit zum Tode verurteilt, weil er gegen dessen Befehl seine Truppe über die Elbe zurückgehen ließ, um sie vor russischer Gefangenschaft zu bewahren. Nach dem Krieg zeigte er als Beamter die besten preußischen Tugenden, war äußerst pflichtbewußt und zum Ärger von Parteien und Gewerkschaften in der Sache unbestechlich, selbst als dies den letzten in seinem Bereich möglichen Karriereschritt verhinderte. Einige Jahre vorher schon, es waren die Tage der ersten Regierung de Gaulle, mußte er aus der französischen Besatzungszone vor einem Haftbefehl fliehen, weil er sich geweigert hatte, Natur und Ökonomie schädigende Abholzungen zu veranlassen, die die Franzosen verlangten. Er wurde für mich zum Vorbild für persönliche Charakterstärke und das Leben eines selbstbewußten Menschen. Über die Nazizeit und den Krieg sprach er nur ganz selten mit mir. Auf meine Frage, was denn wirklich an der Ostfront geschehen, wieso die Entrechtung und Ermordung der Juden nicht auf Widerstand im Land gestoßen sei, antwortete er: »Die Armee ist unbefleckt geblieben. Wir hatten einen Eid geschworen.«

Bis in die sechziger Jahre hinein gab es in Westdeutschland ein stummes Einvernehmen, so wenig wie möglich die 12 Jahre des Dritten Reiches zu thematisieren. Viele, die damals dem Führerstaat mit akribischer Gründlichkeit gedient hatten und halfen, seine unmenschlichen Anordnungen in die Tat umzusetzen, wurden jetzt Bilderbuchdemokraten, wiesen in ihren Stammtisch- und Parlamentsreden, in ihren Artikeln und Schriften mit der gleichen Inbrunst auf die »freiheitliche Grundordnung« hin wie einst auf die »jüdische Weltverschwörung« und den notwendigen »Lebensraum für die germanische Rasse«. In den Schulen wurde die Nazizeit weitgehend ausgeblendet. Weimar war nicht an den Deutschen selbst, sondern an den Radikalen (die immerhin bei freien Wahlen in den letzten Republikjahren mehr als die Hälfte der Reichstagsmandate erobert hatten) und den objektiven Bedingungen weltwirtschaftlicher Zusammenbrüche gescheitert. Die jüdischen und/oder linksliberalen Intellektuellen, Schriftsteller, Künstler oder Journalisten, die nach 1933 vertrieben und ausgebürgert worden waren, deren Bücher vor Universitäten auf Scheiterhaufen loderten oder deren Bilder als »entartete Kunst« aus den Museen verbannt wurden, blieben vergessen oder wurden gar diffamiert. Anerkannt wurde die angebliche »innere Emigration«, die nun die intellektuellen Mitläufer und Propagandisten des Nationalsozialismus für sich reklamierten. In den wenigen Prozessen gegen Hitlers Mordgehilfen beriefen sich die Angeklagten erfolgreich auf »Befehlsnotstand«. Die Gerichte, besetzt mit Richtern, die im Dritten Reich ihre Schand- und Bluturteile gesprochen hatten, zeigten sehr viel Verständnis für die Täter und unterzogen die klagenden Opfer und Zeugen, die Gerechtigkeit oder Wiedergutmachung forderten, peinlichen Verhören. Im Prinzip deuteten die Deutschen das

Geschehen als Werk von einigen Verbrechern, die sie belogen, getäuscht und mißbraucht hätten. Selbst war man immer »anständig« geblieben, ob als Soldat oder Beamter, Richter oder Hochschullehrer, Industrieller oder Künstler. An das geltende Recht habe man sich gehalten, widerstrebend natürlich, aber schließlich gab es dem Staat gegenüber nicht nur Pflichten, sondern er habe auch die eigene Existenz im Falle der Verweigerung bedroht. Thema der Deutschen waren vorrangig die eigenen Opfer, die sie hatten bringen müssen: die Leiden an der Front, die Bombardierung der Städte, die grausamen Massenvertreibungen im Osten.

Die offizielle Politik argumentierte etwas differenzierter, ging es doch darum, das Land wieder in die mißtrauische, nicht so schnell vergessende Völkergemeinschaft zurückzuführen. Das »Nie wieder« wurde in vielen Sonntagsreden proklamiert, die eine oder andere Großorganisation formulierte Schuldbekenntnisse, der in Palästina neu gegründete jüdische Staat fand in Deutschland Unterstützung, bald Bewunderung. Adenauer und Ben Gurion unterschrieben ein wichtiges Abkommen über Wiedergutmachungszahlungen. Der Antisemitismus schlug in einen gelegentlich schillernden und nicht immer sehr glaubwürdigen Philosemitismus um. Der bürgerlich-militärische Widerstand, der am 20. Juli 1944 ein Attentat auf Hitler versucht hatte, für das viele mit ihrem Leben bezahlten, wurde ebenso gewürdigt wie das Opfer der mutigen Menschen, die zur Münchner Gruppe der »Weißen Rose« gehört hatten. Der kommunistische, sozialdemokratische und christliche Widerstand, der zahlenmäßig wesentlich stärker war als beispielsweise die Opposition in Offizierskreisen, wurde zunächst ganz »übersehen« und später allenfalls beiläufig erwähnt.

Rechtsradikale Gedanken blieben, rechtsradikale Parteien aber hatten keine ernsthafte Chance bei den Wählern. Adenauers Pragmatismus, die bald wieder um sich greifende konservative Grundstimmung der Bevölkerungsmehrheit und die »nationale« Sozialdemokratie Schumachers ermöglichten auch vielen rechten Wählern eine politische Identifikation mit den beiden großen Volksparteien. Im Gegensatz zu Weimar waren die republikzerstörenden Kräfte – Armee, Schwerindustrie, preußisches Junkertum, »völkische« Parteien – diskreditiert. Es wurde beschönigt und verdrängt, aber es konnte angesichts der unbestreitbaren Folgen der deutschen Politik bis 1945 keine neue »Dolchstoßlegende« aufkommen. Das bald vehement einsetzende deutsche »Wirtschaftswunder« erzeugte eine gesellschaftliche Stabilität, die die Weimarer Republik auch in ihren besten Zeiten – die eigentlich nie gut waren – nicht annähernd erreicht hatte.

Politik und Menschen in der Bundesrepublik wollten vergessen, aufbauen, nachholen, was sie in Diktatur- und Kriegsjahren entbehrt hatten. Der Auseinandersetzung mit der eigenen Schuld, den für die Zukunft so wichtigen Fragen nach den historischen und gesellschaftlichen Ursachen, die zum mit keinem anderen geschichtlichen Ereignis zu vergleichenden Holocaust geführt hatten, verweigerte sich das demokratische Deutschland in den ersten zwei Jahrzehnten seiner Existenz.

Deutlich wurde dies jedoch nicht nur in der massenpsychologischen Befindlichkeit der deutschen Nachkriegsgesellschaft, sondern auch in den ganz praktischen

Fragen der Bonner Politik. Es war verständlich, daß die grundgesetzlich geforderte Erringung der deutschen Einheit zum Schwerpunkt des diplomatischen Handelns der Bundesregierungen wurde, zumal die Menschen in der DDR erneut in einer Diktatur leben mußten. Auch wenn die Wiedervereinigung schließlich mehr zu einer ritualisierten Forderung wurde und sich die Bundesrepublik ohne sie im Westbündnis gut einbettete. Aber die politische Forderung nach der Rückgabe der von Polen bewohnten Regionen jenseits von Oder-Neiße oder die Argumentation der Vertriebenenverbände zeigten nachdrücklich, daß Deutschland den Krieg vorrangig als Niederlage interpretierte, »Revisionen« verlangte, nicht bereit war, gegenüber den östlichen Nachbarn einen Preis für die Opfer der deutschen Vernichtungsstrategie zu zahlen.

Anders sah es im östlichen Teil Deutschlands aus. Der Antifaschismus der DDR ist vor und nach der Wiedervereinigung als ideologische Farce abgetan worden, doch ganz so einfach ist die Wahrheit nicht. Die Aufarbeitung der deutschen Geschichte erfolgte dort erheblich früher als im Bonner Staat. Nicht nur die Fehlentwicklungen des Wilhelminismus, die zum Ausbruch des Ersten Weltkrieges entscheidend beitrugen, oder das Versagen der bürgerlichen Politik Weimars wurden herausgestellt, sondern auch die großen Autoren des deutschen Exils – beispielsweise Heinrich Mann, Arnold Zweig, Lion Feuchtwanger, Bertolt Brecht und Anna Seghers – wurden hier begrüßt, ihre Werke gedruckt, gelesen und zur Pflichtlektüre im Schulunterricht erhoben. Viele Menschen nahmen in den ersten beiden Jahrzehnten den Antifaschismus sehr ernst, waren davon überzeugt, daß in der DDR eine Republik entstehe, die auf Traditionen setzte, die nicht nur im Dritten Reich, sondern auch unter Bismarck und Wilhelm II. bekämpft und unterdrückt worden waren. Die Ostberliner Staatsführung instrumentalisierte diesen Glauben, nutzte ihn für die eigene politische Legitimation. Auch wenn die Doppelstrategie – Vergangenheitsbewältigung und antidemokratischer Machterhalt des Einparteiensystems – ganz im Sinne der marxistischen Ideologie geschah, der Begriff »Antifaschismus« bald zur beliebigen und mißbrauchten Leerformel in der DDR mißriet – so wurde die Berliner Mauer im offiziellen Sprachgebrauch der Herrschenden zum »antifaschistischen Schutzwall« –, die Bundesrepublik hat hinsichtlich des eigenen Umgangs mit der Geschichte in den ersten Nachkriegsjahrzehnten wenig Anlaß zu verächtlichen Urteilen und hochmütigen Belehrungen.

Mitte der sechziger Jahre begann sich dann ein merklicher Wandel abzuzeichnen. Die Verkrustungen der bundesrepublikanischen Gesellschaft, die verstärkten Restaurationstendenzen der Regierungspolitik lösten in der heranwachsenden, im oder nach dem Krieg geborenen Generation eine wirkungsvolle Protestwelle aus. Viel Wirrnis zeichnete die 68er-Bewegung aus, aber es bleibt ihr großes Verdienst, daß sie den entscheidenden Anstoß zu einer einschneidenden kulturellen und gesellschaftlichen Neuorientierung der Bundesrepublik gab. Nicht zuletzt war es ein Protest gegen die Verdrängungen der nicht immer subjektiven, aber historisch gesehen objektiven Schuld der Elterngeneration, die sie im Familienkreis, in den Schulen und Universitäten, in den Parteien und Großorganisationen relativiert oder geleugnet hatte. Die protestierenden Studentinnen und Studenten gaben viele, häufig wenig fundierte und sehr vorschnelle Antworten oder verloren sich in einem abstrusen und realitätsfernen Salonmarxismus. Aber entscheidend war, daß sie auch Fragen stellten, auf die ihre Eltern oder Lehrer, ihre führenden Parteifreunde oder die Leitartikler ihrer Zeitungen nur abwehrende, bald auch aggressive Antworten zu geben wußten.

Von diesen Auseinandersetzungen blieben natürlich auch die deutschen Historiker nicht unberührt. Waren sie bislang mehr Werkzeug als objektive Deuter der Geschichte, begannen nun jüngere Vertreter der Zunft – flankiert von Wissenschaftlern der Nachbardisziplinen Soziologie, Politologie und auch der Psychologie – den Weg Deutschlands in die Katastrophe und diese selbst frei von ideologischen Belastungen zu untersuchen. Ihre häufig auf der Auswertung lange unterdrückter oder nicht beachteter, manchmal mangels fehlenden Aufklärungsinteresses der öffentlich verwalteten Archive »unauffindbarer« Dokumente basierenden Forschungsarbeiten, die nicht mehr Helden, Schlachten oder das Schicksal beschworen, sondern die vielfältigen gesellschaftlichen Strukturen und Entwicklungen im Deutschland des 19. und 20. Jahrhunderts thematisierten, brachten in den nächsten Jahrzehnten eine Fülle neuer, keines- wegs sehr bequemer Erkenntnisse.

Am Anfang stand die »Fischer-Kontroverse« in den frühen sechziger Jahren. Auslöser waren die Veröffentlichungen von zwei umfangreichen Untersuchungen des Hamburger Historikers Fritz Fischer über den Ausbruch des Ersten Weltkrieges und die Kriegszielpolitik des Kaiserreiches. Das Ergebnis seiner wichtigen Arbeiten gipfelte in der Schlußfolgerung, daß Deutschland durch sein kriegwollendes Verhalten in der Julikrise von 1914 allein schuldig an der Auslösung des militärischen Aufeinanderprallens der europäischen Großmächte gewesen sei. Diese These stand im Widerspruch zur bisherigen deutschen Geschichtsschreibung, die eine Verstrickung aller damals beteiligten Regierungen unterstellte, teilweise immer noch von Einkreisungsängsten und Verteidigungsdenken der wilhelminischen Politik sprach. Daß Fischers Thesen eine so erbitterte, teilweise unwissenschaftliche, von persönlichen Verleumdungen nicht freie Kontroverse auslösen konnten, ist ohne die Verdrängungen der deutschen Schuld im Dritten Reich nicht erklärbar. Fischer hatte einen bislang ängstlich verschleierten Punkt des konservativen Geschichtsdenkens in Deutschland getroffen: Nicht erst Hitler betrieb eine militante Großmacht- und Großraumpolitik, diese setzte bereits in den Jahren der wilhelminischen Forderung nach einem weltpolitischen »Platz an der Sonne« ein. Es gab Kontinuitäten in der jüngeren deutschen Geschichte, die nicht automatisch zu Hitler hätten führen müssen, die jedoch vieles vorbereiteten, was ihn in einer extremen historischen Krisensituation an die Macht kommen ließ. Nicht als einsamen Einzelgänger der Geschichte, sondern als Führer eines Volkes, das seiner rassistischen und aggressiven »Weltanschauung« massenhaft zustimmte, weil es lange darauf vorbereitet war.

Die Diskussion über Fischers Thesen sollte sich wissenschaftlich als äußerst fruchtbar erweisen. In den kommenden beiden Jahrzehnten erschien ein Fülle von Gesamt- und Detailstudien über den Nationalsozialismus, die wichtige Erkenntnisse über Ideologie, Struktur und Entwicklung der deutschen Gesellschaft in den Jahren des Dritten Reiches und ihren Weg in Diktatur und Krieg erbrachten. Hinzu kamen »außerwissenschaftliche« Ereignisse, die das lange verdrängte Thema einer breiteren Öffentlichkeit bewußtmachten. In Frankfurt wurde 1963 der Auschwitz-Prozeß eröffnet, und die in dem Verfahren erörterten Details über den systematisch vorbereiteten und durchgeführten Holocaust in den östlichen Vernichtungslagern wurden für viele jüngere Menschen zur ersten Begegnung mit dem Unfaßbaren. Der Eichmann-Prozeß in Israel erzielte zwei Jahre vorher eine ähnliche Wirkung. Schließlich wurde in den siebziger Jahren die Ausstrahlung der amerikanischen Serie »Holocaust« im deutschen Fernsehen zu einem öffentlichen Ereignis. Stärker als der Wissenschaft gelang es der trivialen Darstellung des tragischen Schicksals einer jüdischen Familie, die Deutschen emotional mit ihrer Geschichte zu konfrontieren.

Es war vielleicht nicht nur Zufall, daß innerhalb dieses Zeitabschnitts ein Politiker Bundeskanzler wurde, der in den Jahren des Nationalsozialismus im Exil gegen die Diktatur gekämpft hatte. Willy Brandts Kniefall vor dem Denkmal für die Opfer des Aufstandes im Warschauer Ghetto, seine neue Ostpolitik, die jenseits aller praktisch-strategischen Fragen der Außenpolitik auch signalisierte, daß die Bundesrepublik den 1939 bzw. 1941 nach Polen und Rußland hineingetragenen Rassenkrieg nicht vergessen hatte, erlebten viele seiner Landsleute und zahlreiche Menschen im Ausland als Symbole einer anderen Auseinandersetzung der Deutschen mit ihrer Vergangenheit.

Es gab kräftige Gegenbewegungen. Das konservative Deutschland kämpfte nicht nur um die Rückgewinnung der politischen Macht, es forderte angesichts der gesellschaftlichen Neuentwicklungen bald auch eine »geistige Erneuerung«. Schon Mitte der siebziger Jahre begann sich eine Wertediskussion anzubahnen, die natürlich auch die Frage nach der Bewertung und historischen Einordnung des Dritten Reiches nicht unberührt ließ. Es wurde gestritten um Geschichte und Nationalgefühl, preußische Tugenden und demokratische Ethik. 1982 kam es zum politischen Machtwechsel in Bonn, und Mitte der achtziger Jahre begann der berüchtigte »Historikerstreit«.

Ging es bei der Fischer-Kontroverse zwanzig Jahre vorher um eine wichtige wissenschaftliche Debatte, erwies sich der »Historikerstreit« rasch als politisch-ideologische Auseinandersetzung. Beide vordergründig wissenschaftsinternen Diskussionen signalisierten jedoch auch einen Wandel, der dem jeweiligen »Zeitgeist« entsprach. In den sechziger Jahren begann die Geschichtswissenschaft sich von den Dogmen der konservativen Vergangenheitsbewältigung zu befreien und folgte mit dieser Haltung einem weitverbreiteten Wunsch nach einer Neuorientierung der bundesrepublikanischen Gesellschaft. In den achtziger Jahren führte Ernst Nolte die Garde der »Revisionisten« an, die den Nationalsozialismus relativierten, eine historisierende Einordnung vornahmen, die in der These gipfelte, Ursache für die europäische Katastrophe sei der »weltrevolutionäre« Wille und die faktische Machtbedrohung durch den Bolschewismus gewesen, Hitlers Krieg lediglich die Antwort auf eine epochale Bedrohung Westeuropas. Als Nolte und seine Anhänger bald auch makabre Rechenspiele über die Zahl der Auschwitz-Opfer veröffentlichten, geriet die Auseinandersetzung endgültig in ein ideologisches Fahrwasser, das wiederum einem allgemeineren Trend entsprach.

Rechtsradikalismus und Rassismus, untergründig immer in der deutschen Gesellschaft vorhanden, wurden nun wieder offener artikuliert, erlebten unter dem Deckmantel der steigenden Zahl ausländischer Mitbürger oder dem Ruf nach deutscher »Interessenpolitik« nicht nur an den Stammtischen, sondern auch in mancher Parlaments- und Wahlkampfrede, in Zeitungsfeuilletons und Büchern wachsende Zustimmung. Nach der Wiedervereinigung brannten in West- und Ostdeutschland Asylantenheime und Häuser, in denen Ausländer wohnten, Meldungen über die Schändung jüdischer Friedhöfe häuften sich, in der Lübecker Synagoge wurde Feuer gelegt, Menschen anderer Hautfarbe wurden von neonazistischen Schlägern totgeprügelt. Die Republikaner gelangten in mehrere Landtage, und die parlamentarisch-parteipolitische Debatte über die Änderung des im Grundgesetz aufgeführten Asylparagraphen verfiel in eine Sprache, die schauerliche Erinnerungen wachrief.

Begleitet wurden diese Entwicklungen von politisch-essayistischen Veröffentlichungen zahlreicher Historiker, Politologen, Schriftsteller, Leitartikler und Politiker, die zeigten, welch mentaler Wandel nach der »Rückeroberung« der DDR, die die Machtposition des vergrößerten Deutschlands in Europa verstärkte, bei einem Teil der deutschen Intelligenz erfolgt war. Machtbewußter müßten wir werden, die eigenen Interessen gelte es durchzusetzen, die Vergangenheit der Deutschen sei mehr als die kurze Periode des Nationalsozialismus, die Jugend müsse wieder stolz auf ihre Nation sein können.

Zu diesen gelegentlich simplifizierenden, aber deswegen nicht weniger gefährlichen Betrachtungen nur soviel: Haben wir denn bisher nicht unsere nationalen Interessen in der Welt wahrgenommen? Sind wir in den europäischen Gremien dank unserer ökonomischen Kraft nicht längst in einer hegemonialen Machtsituation? Kann man wirklich auf ein Abstraktum wie die Nation, der man durch den Zufall der Geburt angehört, stolz sein, oder sollte dies nicht vielmehr allein für die eigene persönlich-gesellschaftliche Leistung im Leben gelten? Ist es nicht eine gedankliche Platitüde, wenn aufgeregte Schlußstrich-Apologeten immer wieder vehement darauf verweisen, daß die deutsche Geschichte nicht erst 1933 einsetzte? Es ist aber nicht die mangelnde gedankliche Tiefe oder der ideologische Hintergrund solcher Aufforderungen, die deutsche »Machtvergessenheit« zu überwinden und zu einem verqueren nationalen Schein-Selbstbewußtsein zurückzukehren, die in unserem Zusammenhang von Interesse sind. Entscheidend scheint mir, daß gerade die neuerlichen Entwicklungen in Deutschland sehr deutlich signalisieren, daß die Schrift an der Wand nicht verblaßt, wir vergeblich versuchen, sie durch die Beschwörung von infantilen Sekundärtugenden und Machtfragen auszulöschen. Auschwitz bleibt – und damit die nur sehr schwer zu fassende Wahrheit, »daß sich in einer kulturell hoch zivilisierten Gesellschaft wie der deutschen eine liberale politische Kultur erst nach Auschwitz hat ausbilden können« (Jürgen Habermas).

Im Frühjahr 1996 wies Volker Ullrich in einem Leit-artikel der »Zeit« nachdenklich auf eine Neuerscheinung aus der Feder eines amerikanischen Historikers hin. Obwohl das Buch erst einige Monate später in deutscher Übersetzung vorlag, entfesselte es unmittelbar nach Ullrichs Artikel in Deutschland eine lebhafte und streckenweise überraschend schrille Diskussion. Renommierte Fachkollegen, auch solche, die große Verdienste in der Holocaust- und Nationalsozialismus-forschung für sich beanspruchen dürfen, empörten sich. Nichts Neues für die Forschung sei das, was der »un-wissenschaftlich« argumentierende Amerikaner ver-öffentlicht habe, oberflächlich und fahrlässig einseitig habe er die Deutschen der Nazizeit beurteilt, »einfach ein schlechtes Buch«. Der »Spiegel« widmete dem Werk eine Titelgeschichte, in der auf geradezu rührende Weise aufgelistet wurde, wieviel Widerstand gegen das Regime, wieviel Reserviertheit gegen die Judenverfol-gung es bei den Deutschen im Dritten Reich doch in Wirklichkeit gegeben habe. In den USA und einigen anderen Ländern bald auf den Bestsellerlisten, war die deutsche Ausgabe des Buches vom Lektorat des Fischer-Verlages abgelehnt worden. Wobei der zuständige Lek-tor völlig unverdächtig ist, denn er gibt seit Jahren eine der hochrangigsten Buchreihen über die Geschichte des Nationalsozialismus und den Holocaust heraus.

Was war geschehen? Daniel Goldhagen, Wissenschaft-ler an der Harvard-Universität, war nach längerem Ar-chivstudium in Deutschland in einer umfangreichen Darstellung über den Einsatz von Polizeibataillonen im Osten, über die Geschehnisse in den Arbeitslagern für Juden und bei den Todesmärschen nach der Auflösung der Vernichtungslager am Ende des Krieges zu dem Ergebnis gelangt, daß nicht nur SS oder Gestapo an den Greueltaten beteiligt waren, sondern auch unzählige ganz gewöhnliche Deutsche gern und freiwillig zu Hitlers willigen Vollstreckern wurden (der Originaltitel des Buches lautet: »Hitler's Willing Executioners«). Ein Volk von Mördern also, so die etwas schlichte Interpretation von Goldhagens These, waren die Deutschen. Der Antisemitismus war ihnen über die Jahrhunderte in Geist und Blut übergegangen, und so wird erklärbar, wie es zum Holocaust kommen konnte.

Die Reaktion auf Goldhagens Buch in Deutschland zeigte ein weiteres Mal, wie tief der Stachel sitzt, wie rasch wir auch 50 Jahre danach in Ausflüchte und nervöse Abwehrhaltungen verfallen, wenn unsere Vergangenheit im Ausland thematisiert wird. Auch amerikanische Rezensenten haben neben Zustimmung viel Kritik an Goldhagens monokausaler Schlußfolgerung geübt. Aber sie blieben sachlich und an den Fakten orientiert. Die deutsche Debatte dagegen ist von Widersprüchlichkeit und spitzen Empfindlichkeiten geprägt, vereinzelt artete sie rasch in oberlehrerhafte Besserwisserei aus, die letztlich nur beweist, wie getroffen wir uns fühlen. Die Empfehlung, sich mit Goldhagens Buch ernsthaft auseinanderzusetzen, fehlte allerdings zum Glück nicht.

Einer der zentralen Vorwürfe lautete zunächst: Was Goldhagen als Revision des Bildes der Deutschen in den Hitlerjahren verkünde, sei längst erforscht und publiziert, er schlachte lediglich die Sekundärliteratur aus, bleibe an der Oberfläche. Als wäre jede Neuerscheinung über den Holocaust oder das Dritte Reich stets an der Vorgabe gemessen worden, absolutes wissenschaftliches Neuland zu betreten. Wurde denn je ein Buch zu dieser Thematik geschrieben, daß nicht auf andere Forschungsberichte oder bereits verwendete Archivmaterialien zurückgegriffen hätte? Manche Bereiche, die Goldhagen anspricht, liegen zudem für die Historiker immer noch im Dunkel. Zumindest bestreitet ein solcher Vorwurf ja nicht den Wahrheitsgehalt seiner Darstellung, und niemand wird wohl behaupten können, die deutschen Leser seien über die Hintergründe der Beteiligung an den Verbrechen im Dritten Reich bestens informiert, da die entsprechenden Untersuchungen – auch diejenigen der Goldhagen-Kritiker – zu ihrer ständigen Lektüre gehörten.

Ernster ist der Einwand zu nehmen, der Amerikaner habe dem Antisemitismus in Deutschland einen Stellenwert zuerkannt, der mit der historischen Wirklichkeit nicht übereinstimme. Darüber muß diskutiert werden. Allerdings scheint es mir unübersehbar, daß Judenhaß und moderner Antisemitismus in Staat, Kirche und Gesellschaft von der neueren Geschichtsschreibung (von der älteren muß in diesem Zusammenhang nicht gesprochen werden) häufig nicht mit der notwendigen Schärfe gesehen worden sind. Das negative Bild vom jüdischen Menschen hatte sich über die Jahrhunderte eingebrannt in das Denken der Deutschen (und der Angehörigen vieler anderer Nationen). Es war schließlich ein irrationales, tiefsitzendes kulturelles Vorurteil, mit dem der christliche und/oder nationale Deutsche von Kindesbeinen an vertraut gemacht wurde. Die Literatur, die Kirchenpredigten, die dickleibigen Kulturessays, die verächtlichen Witze, die ihn umgaben, waren prall gefüllt mit höhnischer, aggressiver und nicht selten von Vernichtungsgedanken begleiteter antijüdischer Denkungsart. Keine Statistik, kein Hinweis auf halbherzig gewährte Rechtsgleichheit für die jüdischen Mitbürger, keine Hervorhebung des geringen Zulaufs, den die antisemitischen Parteien in den Jahrzehnten vor Hitler zu verbuchen hatten, und auch nicht das schöne Gegenbeispiel von Lessings »Nathan« oder die großen Erfolge von Autoren wie Stefan und Arnold Zweig, Jakob Wassermann und Lion Feuchtwanger beim deutschen Lesepublikum können dies wegdiskutieren. Am Ende stand die Ermordung des europäischen Judentums, und es waren Deutsche, die sie allein zu verantworten hatten.

Es gibt gründlichere Bücher über Hintergründe und Organisation des Holocaust als das Werk von Goldhagen. Raul Hilberg schrieb bahnbrechende Untersuchungen über dieses Thema. Christoph R. Browning und Konrad Kwiet haben bereits vor Goldhagen über den Einsatz von Polizeibataillonen hinter den Frontlinien unter Heranziehung bis dahin unbekannter Dokumente berichtet. Manfred Messerschmidt und Wolfram Wette wiesen in ihren Arbeiten die Verbrechen der Wehrmacht im Osten nach. Lothar Gruchmann und Ingo Müller untersuchten die willfährige, »furchtbare« Zuarbeit der deutschen Justiz. Helmut Heiber legte eine umfangreiche Studie über die Hochschulen vor. Kurt Meier, Georg Denzler und Volker Fabricius erforschten die Haltung der christlichen Kirchen. Martin Broszat, Hans Mommsen, Wolfgang Benz, Hermann Graml, Ernst Klee und Eberhard Jäckel haben in ihren Arbeiten ebenfalls das Verhalten der verschiedenen gesellschaftlichen Gruppierungen im Dritten Reich entlarvt und dargestellt, wichtige Einzelaspekte des Holocaust, des deutschen Antisemitismus oder des »Euthanasie-Programms« erforscht. Schon früh hatte Karl Dietrich Bracher wegweisende Bücher über die Auflösung der Weimarer Republik und die Hitlerdiktatur vorgelegt. Wolfgang Mommsen und Hans-Ulrich Wehler beschäftigen sich mit der »Vorgeschichte«, den Strukturen und Entwicklungen im 19. Jahrhundert, speziell dem Deutschen Kaiserreich, Heinrich August Winkler, Hagen Schulze und Kurt Sontheimer mit der Weimarer Republik. Die Liste müßte erheblich verlängert werden, wollte man der historischen Forschung über den Nationalsozialismus hierzulande und bei den Nachbarn gerecht werden.

Aber Goldhagens Ansatz kann deswegen nicht einfach arrogant beiseite geschoben werden. Auch wenn seine Schlußfolgerungen die Komplexität des Zusammenbruchs der deutschen Zivilgesellschaft übersehen oder vernachlässigen, daß der deutsche Antisemitismus allein den Holocaust nicht bewirkt hat, seine gelegentlich zu pauschal formulierten Schuldzuweisungen an der Wirklichkeit vorbeigehen, Anstöße für eine ernsthafte Diskussion geben sie zweifellos. Gerade die Aufregung, mit der sein Buch von vielen Seiten abgelehnt wird, macht nachdenklich.

In den fünfzig Jahren versuchter, gescheiterter und verdrängter Auseinandersetzung mit der eigenen Geschichte wehrten sich die Deutschen lange gegen die Erkenntnis, daß Verachtung des Rechts und Terror, Zerstörung und Vernichtung nicht allein das Werk eines wahnsinnigen Führers und seiner Parteiclique waren. Die Wissenschaft hat in den letzten Jahrzehnten das

Geschehen Punkt für Punkt aufgearbeitet und belegt, wie umfassend der Bazillus des Totalitarismus in die deutsche Gesellschaft hineinwirkte und daß Hunderttausende in die Verbrechen der Staatsführung verstrickt waren. Indessen klammerten sich viele empört an eine Frage, die schon in den Kriegsjahren Hitlers Gegner umtrieb: Gibt es eine Kollektivschuld der Deutschen? Auch in der Goldhagen-Debatte taucht diese Formulierung wieder auf, sie ist möglicherweise ein Grund dafür, warum die Aussagen des Amerikaners eine solche Erregung auslösten.

Schuld ist ein ethischer Begriff. Er kann nur auf das Handeln des einzelnen Menschen angewendet werden. Das Kollektiv ist ein abstraktes Neutrum, es umfaßt die Gesamtheit. Kollektivschuld würde also – jenseits der individuell-ethischen Postulierung – beinhalten, daß jeder Deutsche im Dritten Reich »schuldig« gehandelt hätte. Dies war nicht der Fall. Tausende gingen ins Exil, viele lehnten den Nationalsozialismus und seine verbrecherische Politik laut oder still ab, es gab einen kleinen Kreis aktiver Widerstandskämpfer aus nahezu allen Gesellschaftsschichten, und zahlreiche unbekannte »Helden« versuchten, den Verfolgten und Gedemütigten heimlich zu helfen, sie sogar zu verstecken oder ihnen die Flucht zu ermöglichen. Wesentlich mehr blieben jedoch gleichgültig, wollten nichts sehen oder wissen, flüchteten in die familiären und beruflichen Nischen, die selbst der totalitäre Staat seinen Bürgern läßt. Bei den Schweigern oder Abwendern von Schuld zu sprechen ist legitim. Wer dies tut, sollte sich allerdings selbst prüfen, ob er den persönlichen Mut haben würde, in einer Diktatur aufzustehen, berufliche Existenz oder im Extremfall das eigene Leben aufs Spiel zu setzen. Es muß jedoch darüber gesprochen werden, warum die deutsche Gesellschaft insgesamt zugelassen hat, was in ihrem Namen geschehen ist.

Allzuhäufig wehren sich gerade die Angehörigen von Berufsgruppen mit besonderer Vehemenz gegen die Kollektivschuld-These, die aufs engste verwoben waren mit den Verbrechen des Hitlersystems. Es fällt zwar schwerer, nicht von einem Kollektiv zu sprechen, wenn man an die Wehrmachtsführung, an die Richterschaft, an die Hochschullehrer, an das Industriemanagement, an die Kirchenleitungen, an Mediziner, Biologen, Physiker, Chemiker, Anwälte oder an die sich der Propaganda des Regimes zur Verfügung stellenden Journalisten und Künstler, an eine mitleidlose und »erfolgreich« arbeitende Bürokratie denkt. Natürlich exekutierten stets Einzelpersonen mit ihren individuellen Entscheidungen die Forderungen des Regimes und sorgten dafür, daß es seine Pläne in die Tat umsetzen konnte und die Organisation von Vernichtungskrieg und Holocaust erfolgreich beherrschte. Aber in ihrer Summe bildeten diese Individuen in den für das Funktionieren des Hitlerstaates entscheidenden gesellschaftlichen Gruppierungen durch ihre hohe Zahl das Kollektiv in den jeweiligen Verantwortungsbereichen. Es bleibt – unabhängig vom Verhalten des Einzelnen – die bittere Feststellung, daß die deutsche Oberschicht nicht nur mitgemacht, sondern auch konsequent mitgehandelt hat.

Hitler hatte in den Jahren seiner innen- und außenpolitischen Triumphe zweifellos die Mehrheit der Bevölkerung hinter sich: Als er ins Rheinland einmarschierte, die Arbeitslosigkeit dank der forcierten Aufrüstungspolitik entscheidend sank, er Österreich und das Sudetenland »heim ins Reich« holte, seine Blitzsiege in Polen und Frankreich ihn unschlagbar erscheinen ließen. Den Preis für die »Erfolge« mußten die Opfer zahlen, und sehr viele Deutsche nahmen das billigend in Kauf oder befürworteten es leidenschaftlich: die Boykottierung und Entrechtung der Juden, die Konzentrationslager, in denen zunächst vor allem Sozialdemokraten, Kommunisten, christliche und bürgerliche Oppositionelle, aber auch Homosexuelle litten und starben, dann die militärischen Überfälle im Westen und schließlich den Vernichtungskrieg im Osten und den Holocaust. Das schändliche und für viele Betroffene tödliche Denunziantentum war weit verbreitet. Es ist angesichts der vorliegenden Dokumente und Bilder auch nicht wegzudiskutieren – wie es in der Forschung und bei den Nachkriegs-Vergangenheitsbewältigern vielfach geschehen ist –, daß Hunderttausende Durchschnittsdeutsche an den Mordtaten des Regimes unmittelbar beteiligt waren.

Hysterischer Jubel, die Unfähigkeit zur Zivilcourage, feiges und egoistisches Mitläufertum wiederum sind nicht automatisch gleichzusetzen mit den »Taten« derjenigen, die das Dritte Reich aktiv unterstützten, seine Verbrechen als Offiziere, Polizisten, Richter, Verwaltungsbeamte, Wissenschaftler oder »kleine« Helfer überhaupt erst möglich machten. So kann die These von der Kollektivschuld für die riesige Zahl der Täter ebenso schnell zu einem durchsichtigen Entlastungsakt werden wie der Hinweis, das Geschehen zwischen 1933 und 1945 hätten der Führer, die Parteispitze, die SS, die Gestapo und ein sehr beschränkter Kreis von Zuarbeitern allein zu verantworten.

Wenn es – im Sinne des Kollektivschuld-Vorwurfs – alle gleichermaßen waren, dann verschwindet die eigene Untat im Meer der mörderischen Zeit. Solche Feststellungen salvieren die »Masse« keineswegs, die den düsteren, wirkungsvollen, aufhetzenden Chor in diesem unmenschlichen deutschen Drama abgab. Sie verweisen lediglich auf die sehr klaren Abstufungen von Untaten, die auch im Dritten Reich zu unterscheiden waren.

Wenn es also keine deutsche Kollektivschuld im schlichten Sinn dieses Wortes gibt, so können wir uns angesichts des im Namen Deutschlands Geschehenen nicht aus der Gesamtverantwortung stehlen. Sich ihr zu stellen bleibt für die heutigen Generationen Last und Notwendigkeit. Niemand, der nach 1933 geboren wurde, ist verstrickt in die Untaten des Dritten Reiches. Aber nicht nur der Respekt vor den Opfern verlangt auch von den Nachgeborenen, sich mit dem Geschehenen auseinanderzusetzen. Trauer und Scham schänden nicht, sondern können befreien. Gelegentlich klingt es ein wenig wehleidig, wenn junge Menschen sich beklagen, nun wolle man als Deutscher endlich Ruhe haben vor der Vergangenheit und so in der Welt betrachtet und beurteilt werden wie die Jugend anderer Nationen. Dies wird noch lange nicht möglich sein, so schnell wird die Erinnerung an die Jahre deutscher Bomben und Besatzer, an Zwangsarbeit, gewalttätigen Tod oder Ausraubung der Elterngeneration bei unseren Nachbarn nicht verlöschen. Die Bilder aus den Vernichtungslagern und von den Massenerschießungen, von den brutalen »Herrenmenschen«, die ihre jüdischen Mitbürger öffentlich demütigen und verhöhnen, von den langen Schlangen marschierender, koffertragender Juden, von ihren Bewachern in halb Europa zu den Bahnhöfen getrieben, haben sich der Welt eingeprägt. Respekt wird sich nicht durch Verweigerung der Geschichte, sondern durch die ernsthafte Auseinandersetzung mit ihr gewinnen lassen. Nur dann, wenn wir Heutigen nicht aufhören zu fragen, wie das Unmögliche möglich war, wenn wir nach den Ursachen suchen, die zum Fall einer Hochkultur beigetragen haben, können wir Wiederholungen verhindern. Eine solche Haltung zerstört nicht das Selbstbewußtsein der heranwachsenden Generation eines Volkes, im Gegenteil, es kann sie vielleicht davor bewahren, selbst die Pfade der Vernunft und der Humanität zu verlassen.

## Der »gewählte« Führer

Der Nationalsozialismus besaß kein originäres Programm, keine selbstentwickelte Ideologie. Hitlers Visionen von der Zukunft Deutschlands, sein totalitär-gewalttätiges Weltbild setzte sich aus einem »Ideenbrei« zusammen, der im 19. Jahrhundert zusammengerührt worden war. Rassismus und Antisemitismus, Blut- und Bodenbeschwörungen, Lebensraum- und »Welt«politik, politischer Anarchismus und Eliteherrschaft, »Weltanschauung« und Überlebenskampf, Volk und Nation, diese vagen, geschwätzig-mythischen und letztlich politisch grenzenlosen Vokabeln des Nationalsozialismus geisterten schon vor 1933 durch Europa. In Deutschland aber erhielten sie eine erheblich stärkere Bedeutung als in anderen Staaten. Hitler, der 14 Jahre brauchte, bis er am Ziel seiner Wünsche war, propagierte einen politisch-ideologischen Geist, der seinen späteren Untertanen alles andere als unbekannt war. Auch während seiner Herrschaft blieben diese unverbindlichen und ausufernden, letztlich nur konsequent dem Gewaltprinzip gehorchenden Beschwörungen der schmale politische Wortschatz der Nazis. In den praktischen Fragen der Wirtschafts- oder Sozialpolitik, bei der Organisation von Verwaltung und Bürokratie, von Rechtswesen und Hochschulen, beim Aufbau der Wehrmacht unterschied sich vieles nicht vom Vorgehen anderer Staaten in den dreißiger Jahren. Die Vergleichbarkeit endet jedoch dort, wo es um die Durchsetzung der Ziele der Diktatur – Rassenkampf und Ostkrieg, Alleinherrschaft und Führerprinzip – ging. Das Dritte Reich lebte permanent im Ausnahmezustand, die auf der Gewaltenteilung beruhende Organisation des Staates war aufgehoben. Der Führer war Präsident und Kanzler, oberster Militär und oberster Richter, oberster Wirtschaftsführer und oberster Kunstkritiker. Was immer Recht und Gesetz vorschrieben, für den Führer, die Partei, Himmlers SS oder die Gestapo galt dies ohnehin nicht. Die Staatsorgane akzeptierten dies nicht nur willig, sondern glänzten in der Regel durch politisch-opportunistische Übererfüllung der Sollvorgaben. Die »Weltanschauung« ersetzte Recht, Moral und Logik. Willkürlich wurde in Rechtsverfahren eingegriffen, und Verhaftungen und Verurteilungen gehorchten keiner Rechtsnorm mehr. Weil alles dem kommenden Krieg und der germanischen Hegemonie in Europa zu dienen hatte, war es im Grunde belanglos, daß die Eigentumsverhältnisse – außer bei Juden und Regimegegnern – unangetastet blieben. Da die Rohstoff- und Auftragszuteilungen sowie die Produktionsziele vorgegeben wurden, die Industrie bald an der Aufrüstung gut verdiente und die Arbeitnehmer dem Schicksal der Arbeitslosigkeit entronnen waren, blieb ohnehin alles in der Hand des Regimes.

Nie hat Hitler seine Pläne verheimlicht. Wer diesen Mann in den Weimarer Jahren wählte, wer später ja sagte zur Politik des Dritten Reiches oder ihm diente, der wußte, wem er da zustimmte und was er damit akzeptierte. Seit seinen ersten öffentlichen Auftritten nach der Revolution von 1918/19 waren Hitlers Reden ein einziges Konglomerat von Drohungen. Die Köpfe der »Novemberverbrecher« würden unter seiner Herrschaft rollen, die Demokraten würden vernichtet, die Juden ausgerottet, die Bolschewisten und Slawen erschossen und versklavt. »Mein Kampf« erschien Mitte der zwanziger Jahre, und die Leser dieses Buches konnten schwarz auf weiß erfahren, was für Pläne der Autor hatte und mit welchen Mitteln er sie auszuführen gedachte. »Härte«, »Brutalität«, »Gnadenlosigkeit«, »Vernichtung« waren in diesem Bekenntnisbuch immer wiederkehrende Vokabeln. Die »sogenannte Humanität« charakterisierte er als »Ausdruck einer Mischung von Dummheit, Feigheit und eingebildetem Besserwissen«. Wie viele Menschen das sprachlich und inhaltlich jammervolle Machwerk tatsächlich gelesen haben, sei einmal dahingestellt. Aber Hinweise, Hitlers öffentliche Auftritte und seine Schriften seien nicht ernst genommen worden, verzeichnen die Wirklichkeit. Seit 1930 hatten die Nationalsozialisten einen millionenfachen Zulauf, und die Zeitungen der Republik waren voll von den Inhalten seiner Reden und Forderungen.

Als Diktator erklärte Hitler der Wehrmachtsführung

bereits 1934 auf mehreren Treffen unmißverständlich, daß er den Krieg beginnen werde, wenn der Stand der Aufrüstung dies zuließe. Er forderte von den Generalen und Admiralen, daß alles auf das Ziel der Osteroberung auszurichten sei und dieser »Endkampf« zwischen der »germanischen und der slawischen Rasse« von seiten der deutschen Soldaten »unbarmherzig« geführt werden müsse. Kriegsführung und Behandlung des Feindes könnten nicht mehr den Regeln früherer militärischer Auseinandersetzung folgen. Die Spitze der Wehrmacht wußte sehr früh, daß Hitler keinen »normalen« Eroberungs- oder gar Verteidigungskrieg anstrebte, sondern einen Vernichtungsfeldzug. Auch den leitenden Männern der Industrie erklärte Hitler, für die Wirtschaft habe die Aufrüstung absolute Priorität. Den höchsten Richtern des Staates verkündete er kurz nach der Machtübernahme, was sie künftig unter »nationalsozialistischer Rechtssprechung« zu verstehen hätten. Unter den Teilnehmern all dieser Gesprächsrunden riefen Hitlers Ankündigungen zwar Zweifel und Ängste über die Erfolgschancen hervor, sie beharrten auf formaler Scheingesetzlichkeit, akzeptierten aber die Terrormaßnahmen des Regimes in der Sache mehrheitlich, oder sie kämpften um Ressortzuständigkeiten, moralische Skrupel oder gar Widerstand gab es kaum. Im Gegenteil, schnell zeigte sich, daß Hitlers Zuhörer alle Kräfte einsetzten, um die vorgegebenen Ziele zu erreichen. Da handelten nicht Verschwörer heimlich in dunklen Hinterzimmern, dieses Szenario wurde vor den Augen des ganzen Volkes entworfen, und seine Elite war eingeweiht in die Raub- und Mordpläne ihres Führers.

Vor den Augen des ganzen Volkes? Die Verhaftungswelle nach dem Reichstagsbrand am 27. Februar 1933, der breit organisierte Boykott jüdischer Geschäfte am 1. April 1933, die Entlassung aller jüdischer Beamter und die Nürnberger Rassengesetze 1935, die brennenden Synagogen am 9. November 1938, die Arisierung jüdischer Geschäfte, das Verschwinden der jüdischen Familien aus den Nachbarwohnungen, ihr überall zu beobachtendes alltägliches Leben jenseits jedes Rechtsschutzes: Die Verwirklichung der rassenpolitischen Wahnideen des Nationalsozialismus war für jedermann im Land wahrnehmbar. Die letzten Schritte – die Ermordung von Juden, Sinti und Roma in den östlichen Lagern, das Massensterben unter den russischen Kriegsgefangenen und die alle Völkerrechtsnormen brechenden Partisanen- und Geiselerschießungen hinter den Frontlinien – blieben längere Zeit tatsächlich für viele in ihrem ganzen Ausmaß verborgen. Aber schon frühzeitig sickerten fürchterliche Gerüchte nach Deutschland durch, viele Familien konnten aus Feldpostbriefen oder heimlich abgehörten Auslandsnachrichten erkennen, was im Namen Deutschlands geschah. Dies hielt die Wehrmachtsführung nicht davon ab, mit aller Brutalität »Durchhaltewillen« zu demonstrieren, es hinderte die Richterschaft nicht, die Rate der Todesurteile oder die Höhe der ausgesprochenen Haftjahre drastisch emporschnellen zu lassen. Deutsche Professoren und Lehrer verkündeten den ihnen anvertrauten jungen Menschen unverdrossen – überzeugt oder opportunistisch – weiterhin die »nationalsozialistische Weltanschauung«; Mediziner und Biologen stoppten nicht ihre mörderischen Experimente an den unglückseligen Häftlingen oder

ihre Euthanasie-Aktionen. Und ein wesentlicher Rück-
gang der Hitleranhänger ist ebenfalls nicht zu verzeichnen.

Die These vom Nichtwissen ist so unhaltbar wie das
Hervorheben des angeblichen Nichtwollens. Die aktive
oder passive Beteiligung unzähliger Deutscher, besonders der gesellschaftlichen Eliten an Hitlers Verbrechen läßt auch keine Vergleiche mit Stalins Terror, den
entsetzlichen Verbrechen im Kambodscha während der
Herrschaft Pol Pots oder den ethnischen Vertreibungen
im ehemaligen Jugoslawien zu. Vom »Bruder Hitler«
sprach Heiner Kipphardt einmal. Und Christoph Hein
nimmt diese bittere Feststellung mit dem Satz auf:
»Hitler bleibt der Bruder der Deutschen. Stalin und Pol
Pot waren nicht die Brüder, sondern die mörderischen
Tyrannen ihrer Völker.«

Kambodscha, Rußland oder Jugoslawien waren ohne
jede demokratische Tradition, die Diktaturen in diesen
Ländern entstanden aus Kriegen, im Falle Jugoslawiens
erfolgten die Untaten während einer militärischen Auseinandersetzung, in der lang aufgestauter Haß zwischen
den verschiedenen ethnischen Bevölkerungsgruppen
explodierte. Die Juden hatten Deutschland nicht angegriffen, es nicht bedroht, keine Sonderrechte gefordert,
hatten sich kulturell und politisch assimiliert wie in
wenigen Staaten jenseits Westeuropas, sie waren überwiegend deutsche Patrioten, junge jüdische Deutsche
hatten im Ersten Weltkrieg als Soldaten gekämpft, sie
waren, gemessen an der Gesamtbevölkerung, eine ver-
schwindende Minderheit, ihre Beiträge auf vielen Gebieten der Wissenschaft und Künste, der Wirtschaft und
des Handels hatten sich segensreich für das Ansehen

und die Macht ihres Landes ausgewirkt. Die »jüdische Bedrohung« war ein Wahngespinst. Hitler wurde zudem – im Gegensatz zu Stalin oder Pol Pot – in einem demokratischen System von seinem Volk gewählt bzw. von einem frei gewählten Reichspräsidenten unter Zustimmung der rechten und konservativen Parteien mit dem Kanzleramt betraut.

Gewählt? Bei den Reichstagswahlen vom 14. September 1930 erhielten die Nationalsozialisten 18,3 Prozent der Stimmen (6,4 Millionen Wähler), am 31. Juli 1932 waren es 37,2 Prozent (13,7 Millionen), und am 6. November 1932 stimmten 33 Prozent (11,7 Millionen) für die NSDAP. Nie erreichte Hitlers Partei die 50-Prozent-Marke. Da aber die beiden Arbeiterparteien bei diesen letzten freien Wahlen im Schnitt zusammen nur 35 Prozent bekamen, Deutschnationale und Deutsche Volkspartei, beide längst im Lager der radikalen Republikgegner gelandet, gemeinsam rund 9 Prozent, das in der Schlußphase Weimars dem Führer- oder Präsidialprinzip zuneigende Zentrum etwa 12 Prozent, relativiert sich das Bild vom nie gewählten Hitler erheblich. Geht man davon aus, daß SPD und KPD nicht gerade die Parteien des gehobenen und in den entscheidenden Machtfunktionen des Staates sitzenden Bürgertums waren, sollte zumindest aus Sicht der deutschen Konservativen der Jubel über die nie errungene Wählermehrheit Hitlers nicht ausufern.

Das Ermächtigungsgesetz vom 24. März 1933, das ihm diktatorische Vollmachten gab, fand die Billigung aller Reichstagsparteien mit der ehrenvollen Ausnahme der Sozialdemokraten (die Kommunisten waren schon unmittelbar nach dem Reichstagsbrand verboten worden). Dieses Ja erfolgte zu einem Zeitpunkt, an dem der Terror bereits wütete, Massenverhaftungen von Sozialdemokraten, Kommunisten und Juden ohne jegliche Rechtsgrundlage für jeden, der nicht bewußt die Augen verschloß, unübersehbar waren, sich die ersten Konzentrationslager bereits füllten. Die Nazipresse verschwieg diese Ereignisse nicht, sie hetzte mit ihren antisemitischen Schmiereien und ihren Drohaufrufen gegen alle Gegner des Regimes öffentlich und damit für alle lesbar.

Die systematische Vernichtung des Judentums ist in ihrer kaltblütigen Organisation und Durchführung, in ihrem riesenhaften Ausmaß und vor dem geistig-ideologischen Hintergrund, mit dem sie begründet wurde, tatsächlich von historischer Unvergleichbarkeit. Aber es ist auch kein Beispiel in der Geschichte zu finden, daß eine hochzivilisierte, demokratisch verfaßte Gesellschaft freiwillig ihr Schicksal in die Hände eines Regimes legte, das seinem Volk bereits vor der Machtübernahme »Ausrottung« und »Vernichtung« angekündigt hatte. Warum haben wir das hingenommen, ja in großer Zahl begrüßt?

## Der deutsche Weg – eine verhängnisvolle Zuspitzung

Schon als die deutschen Armeen Europa zu überfluten begannen und die Welt nach und nach erfuhr, was mit den Juden in Deutschland und in den von Deutschen eroberten Gebieten geschah, diskutierten Politiker und Historiker in den Staaten, die Hitler entgegengetreten waren, über den historischen »Sonderweg« dieses mächtigen Volkes. Eine Debatte, die dann auch im besiegten, zertrümmerten und besetzten Land selbst aufgenommen wurde. Die Wirklichkeit des Dritten Reiches, das Verhalten der Mehrheit war so unfaßbar, daß man die Ursachen im Charakter der Deutschen zu entdecken glaubte, die Spuren, die zu Hitler führten, bereits in früheren Jahrhunderten ortete. Luther, Preußens Friedrich, Bismarck, Hitler – viele sahen eine direkte Linie, die die Epochen deutscher Geschichte unheilvoll verknüpfte. Früh schon habe sich herausgeschält, was dann 1933 extrem und mit ungeheuerlicher Brutalität vollends ausbrach.

Die auch heute immer wieder diskutierte Frage des deutschen »Sonderwegs« läßt sich historisch nicht belegen. Die vergleichbaren Nachbarstaaten in Westeuropa gingen über weite Strecken ihrer Geschichte den gleichen Weg. Sie waren nicht weniger machtgierig, setzten ihre Interessen ebenfalls mit Kriegen durch, verfolgten und vertrieben die Minderheiten in ihren Staaten und erlagen dem ideologischen Fieber der Moderne ebenso wie Deutschland. Imperialistische und rassistische Ideologien waren ihnen keineswegs fremd, das stürmische Auftreten des Industriekapitalismus veränderte das Leben in diesen Ländern mit ähnlicher Heftigkeit und führte auch hier zu Identitätskrisen einer verunsicherten Gesellschaft.

Es gilt aber auch, daß jede Nation historische Eigenentwicklungen durchmacht, die sich häufig nicht vorrangig in seiner Staatsgeschichte widerspiegeln, die das bevorzugte Thema der Historiker ist, sondern in seiner Mentalitätsgeschichte. Vergangenheit ist auch die Kultur- oder Wirtschaftsgeschichte, die Frauengeschichte oder die Geschichte des Patriarchats, die Ideengeschichte oder die Erziehungsgeschichte, die Religionsgeschichte oder die Arbeitergeschichte, die Militärgeschichte oder ganz generell die private Geschichte der Angehörigen eines Volkes. In der Summe unendlicher vieler Einzelgeschichten, die keineswegs stromlinienförmig zusammenlaufen und immer eine rational erklärbare »Gesamtgeschichte« bilden, lassen sich vielleicht Ansätze von Gemeinsamkeiten erkennen, die eine Gesellschaft in ihrem Denken und politischen Empfinden verbindet.

Der Mensch ist zudem kein absoluter Homo politicus, in der Regel schert die meisten Angehörigen eines Staates herzlich wenig, was ihre Parlamente debattieren, ihre Zeitungen berichten, ihre Philosophen denken oder ihre Schriftsteller schreiben. Ein Heranwachsender wird vielleicht stark autoritätsfixiert sein, obwohl die Gesellschaft, in der er lebt, tolerant ist. Für seine Entwicklung ist das strenge, Gehorsam und Unterwerfung fordernde Elternhaus viel entscheidender als die ihn umgebende gesamtgesellschaftliche Liberalität. Gleichberechtigung mag ein staatliches Verfassungsgebot sein, wenn die Lohnpolitik ihm nicht gehorcht, der Ehemann auf dem konservativen Rollenspiel in der Familie beharrt, bleiben Frauen benachteiligt. Beispiele, die zeigen, daß das private Leben fern von der Staatsgeschichte verläuft, auch wenn sie es mittelbar in vielen Bereichen bestimmt.

Es sei die These aufgestellt, daß die Geschichte Deutschlands tatsächlich Besonderheiten aufweist, die als »präfaschistisch« zu bezeichnen sind. Sie sind vielleicht weniger in seiner »politischen« als in seiner »inneren« Geschichte zu finden. Wobei die Überschneidungen und gegenseitigen Abhängigkeiten offensichtlich bleiben. Der Unterschied zur Entwicklung anderer Völker unseres Kulturkreises wird in der verhängnisvollen Zuspitzung von Denkstrukturen und anerzogenen Verhaltensmustern erkennbar, die sich in Deutschland schon in den Jahren vor der Bismarckschen Reichsgründung verfestigten und ihre Dynamik dank der Machtstellung, die das Land durch seine Größe und ökonomische Kraft besaß, erhielten.

Eine solche Feststellung besagt nicht – dies sei noch einmal unterstrichen –, daß allein Hitler in der Konsequenz der deutschen Geschichte des 19. und frühen 20. Jahrhunderts gelegen habe. Es gab viele Wendepunkte, die in eine andere Richtung wiesen und die in Entwicklungen ähnlich denen in Frankreich oder Großbritannien hätten einmünden können. Die gescheiterte Revolution von 1848/49, die liberalen Forderungen, die im jungen Reich viele Befürworter hatten, der Aufstieg der demokratische Reformen postulierenden Arbeiterbewegung, die versuchte Revolution von 1918/19 und natürlich die Weimarer Republik. Hitlers Durchbruch erfolgte in einer bestimmten historischen Situation, die 1929/30 einsetzte. Er war nicht undenkbar, aber auch nicht unverhinderbar.

Die Vereinigten Staaten, Großbritannien oder Frankreich durchlebten in den späten zwanziger und dreißiger Jahren nicht weniger schwere soziale und wirtschaftliche Krisen, wurden ebenfalls von extremen politischen Gruppierungen und abstrusen politischen Ideen heimgesucht. Eine mit dem Machtantritt der Nationalsozialisten vergleichbare politische Wende war in diesen Staaten jedoch ausgeschlossen. Die Hinweise auf die spezielle deutsche und die allgemeine weltpolitische Lage reichen also nicht aus, um zu erklären, wie es zum 30. Januar 1933 und vor allem zu den Folgen dieses Machtwechsels kommen konnte.

Das 1870 gegründete Kaiserreich zeichnete sich durch eine beachtliche gesellschaftliche Stabilität aus. Kulturkampf und Sozialistengesetze signalisierten die ganze Härte des innenpolitischen Ringens zwischen Konservativen und »Fortschrittlichen«, und die Zolldebatten, die die östliche Agrar- und die westliche oder oberschlesische Industrielobby ausfochten, wiesen auf schwierige ökonomische Interessenkonflikte hin, doch die Deutschen akzeptierten Kaiser und Staat. In den Jahren des Wilhelminismus begann sich die Mehrheit dem Reich »vaterländisch« verbunden zu fühlen. Das galt auch für große Teile der Arbeiterschaft, deren Führer zwar die Revolution predigten, aber wohl wußten, daß es ihrer Klientel im Vergleich mit den französischen und britischen Genossen materiell besser ging. Die preußische Hegemonie über Deutschland wurde durch den katholisch-liberalen Einfluß der Länder südlich des Mains abgeschwächt, preußische »Untugenden« haben sich dort relativiert. Deutschland war zwischen 1870 und 1914 der »modernste« Staat Europas. Vielen Nachbarn in der Wirtschafts- und Technologiepolitik, mit seinen Schul- und Hochschulreformen sowie in der Neuorganisation des Rechts- und Sozialsystems voraus, wurde es oft beneidet und zum bewunderten Vorbild. Diese Sichtweise auf das Kaiserreich soll keineswegs verdecken, daß die »hohe Politik« verworren und vielfach widersprüchlich war: Das Wechselspiel zwischen Legislative und Exekutive, zwischen dem »persönlichen Regiment« Wilhelm II. und seinen Kanzlern prägte sie ebenso wie die Forderungen von populären Gruppierungen, etwa den Alldeutschen, dem Bund der Landwirte oder dem Flottenverein. Diese neuen Massenorganisationen waren wesentlich radikaler als die Reichstagsparteien. Überhaupt nicht dachte der »moderne« Staat daran, den Weg in den Parlamentarismus zu gehen. Industrielles Wachstum und politische Rückständigkeit, diese häufig in der jüngeren Geschichtsschreibung vorgenommene Zustandsbeschreibung, trifft die Lage sehr genau.

Die Weimarer Republik erlangte in ihrer äußerst kurzen Geschichte nie eine ähnliche Stabilität wie das untergegangene Kaiserreich. Aber bei den ersten Reichstagswahlen gaben die Wähler den Kräften, die aus ihrer Sicht Krieg und Niederlage zu verantworten hatten, eine eindeutige Quittung und entschieden sich mit überwältigender Mehrheit für die parlamentarische Demokratie. Die sozusagen lupenreinen demokratischen Parteien SPD, Deutsche Demokratische Partei und Zentrum versammelten am 19. Januar 1919 76 Prozent der Wähler hinter sich. Das Bild wandelte sich dann rasch und nachdrücklich. Die Deutschen verspielten Republik, Freiheit und Zukunft.

Wenn dieses sehr skizzenhafte Bild vom Deutschland der Jahre zwischen 1850 und 1933 stimmt, wieso konnte es dann zu dem von Millionen akzeptierten und Hunderttausenden durchgeführten Terror in den Hitlerjahren kommen? Weil die obige Betrachtungsweise nur einen Teilaspekt der historischen Wirklichkeit berücksichtigt, sie die ideologischen und mentalen Entwicklungen in der deutschen Gesellschaft vernachlässigt, die sich parallel dazu schubweise ausbreiteten und vor allem zwischen 1912 und 1923, dann ab 1929/30 zum entscheidenden politischen Faktor werden sollten. Erst in der Vermischung von strukturellen Momenten – Industrialisierung, Urbanisierung, konjunkturelle Depressionen – und ideologischer Radikalisierung wird ein deutscher Weg erkennbar, der zu Zuspitzungen führte, die bei unseren Nachbarn nicht auftraten oder rechtzeitig und erfolgreich abgewehrt wurden. Um dies zu verdeutlichen, sollen zunächst einige Zitate aus den Jahren des Dritten Reiches oder der Zeit danach angeführt werden.

Am 24. Mai 1934 gab Reichswehrminister Werner von Blomberg – er wurde 1935 Oberbefehlshaber der Wehrmacht – folgenden Erlaß heraus: »Der Nationalsozialismus leitet das Gesetz seines Handelns aus den Lebensnotwendigkeiten des ganzen Volkes und aus der Pflicht zu gemeinsamer Arbeit für die Gesamtheit der Nation ab. Er beruht auf der Idee der Blut- und Schicksalsgemeinschaft aller deutschen Menschen. Daß dieses Gesetz auch die Grundlage der dienstlichen Arbeit des deutschen Soldaten ist und bleiben muß, ist unbestritten …« Generaloberst Erich von Manstein, 1941 Oberbefehlshaber der an der Ostfront eingesetzten 11. Armee, erklärte in einem Befehl vom 20. November 1941: »Das jüdisch-bolschewistische System muß ein für allemal ausgerottet werden. Nie wieder darf es in unseren europäischen Lebensraum eingreifen.« Angesichts der Massenerschießungen äußerte sich Manstein gegenüber seinen Offizieren mit dem Satz: »Für die Notwendigkeit der harten Sühne am Judentum, dem geistigen Träger des bolschewistischen Terrors, muß der Soldat Verständnis aufbringen.« Generalfeldmarschall Keitel gab am 23. Juli 1941 den Befehl heraus, angesichts der Größe der besetzten Ostgebiete würden die Sicherheitskräfte nur ausreichen, »wenn jeder Widerstand bestraft wird, nicht durch gesetzliche Verfolgung der Schuldigen, sondern durch Verbreitung eines solchen Terrors durch die Wehrmacht, der geeignet ist, jeden Widerstand unter der Bevölkerung auszumerzen«.

Der Präsident des Reichsgerichts, Erwin Konrad Bumke, ermahnte 1938 die deutsche Richterschaft mit folgender Bemerkung: »Der Aufgabe, die das Dritte Reich der Rechtssprechung stellt, kann diese … nur gerecht werden, wenn sie bei der Auslegung der Gesetze nicht am Wortlaut haftet, sondern in ihr Innerstes eindringt und zu ihrem Teil mitzuhelfen versucht, daß die Ziele des Gesetzgebers verwirklicht werden.« Schon 1933 hatte das Reichsgericht in einem letztinstanzlichen Urteil erklärt: »Die frühere (liberale) Vorstellung vom Rechtsinhalte der Persönlichkeit machte unter den Wesen mit Menschenantlitz keine grundsätzlichen Wertunterschiede nach der Gleichheit oder Verschiedenheit des Blutes. … Der nationalsozialistischen Weltanschauung dagegen entspricht es, im Deutschen Reich nur Deutschstämmige (und gesetzlich ihnen Gleichgestellte) als rechtlich vollgültig zu behandeln.«

In einer Antwort der Kirchenführerkonferenz an Reichskirchenminister Hans Kerrl vom 31. Mai 1939 heißt es: »Die Evangelische Kirche ehrt im Staate eine von Gott gesetzte Ordnung. Sie fordert von ihren Gliedern treuen Dienst in dieser Ordnung und weist sie an, sich in das völkisch-politische Aufbauwerk des Führers mit voller Hingabe einzufügen. … Im Bereich des völkischen Lebens ist eine ernste und verantwortungsbewußte Rassenpolitik zur Reinerhaltung unseres Volkes erforderlich.« Die katholischen Bischöfe in Österreich hatten Hitlers Einmarsch am 18. März 1938 mit den Worten begrüßt: »Wir erkennen freudig an, daß die nationalsozialistische Bewegung auf dem Gebiet des völkischen und wirtschaftlichen Aufbaus sowie der Sozial-Politik für das Deutsche Reich und Volk namentlich für die ärmsten Schichten des Volkes Hervorragendes geleistet hat und leistet. Wir sind auch der Überzeugung, daß durch das Wirken der nationalsozialistischen Bewegung die Gefahr des alles zerstörenden gottlosen Bolschewismus abgewehrt wurde. Die Bischöfe begleiten dieses Wirken für die Zukunft mit ihren besten Segenswünschen und werden auch die Gläubigen in diesem Sinne ermahnen.«

Der Philosoph und Rektor der Freiburger Universität Martin Heidegger veröffentlichte am 3. November 1933 einen »Aufruf an die Deutschen Studenten«, in dem es hieß: »Nicht Lehrsätze und ›Ideen‹ sein die Regeln Eures Seins. Der Führer selbst und allein ist die heutige und künftige deutsche Wirklichkeit und ihr Gesetz.« Der Lyriker und Arzt Gottfried Benn erklärte in einer Rundfunkansprache vom 24. April 1933 in etwas verrenkten Formulierungen: »Welch intellektueller Defekt, welch moralisches Manko, nicht in dem Blick der Gegenseite über die kulturelle Leistung hinaus, nicht in ihrem großen Gefühl für Opferbereitschaft und Verlust das Ich an das Totale, den Staat, die Rasse, das Immanente, nicht in ihrer Wendung zum Ökonomischen, zum mythischen Kollektiv, in diesem allem nicht das anthropologisch Tiefere zu sehen!«

Als der ehemalige Handelsvertreter Adolf Eichmann, ab 1941 verantwortlich für die Massentransporte der Juden in die östlichen Vernichtungslager, 1961 vor einem Jerusalemer Gericht stand, erklärte er als Beweggrund seines Handelns, er habe lediglich »den Befehlen seiner Vorgesetzten« gehorcht.

In diesen recht willkürlich herausgegriffenen Zitaten, die in ähnlicher Form tausendfach zu belegen sind, zeigen sich Mentalitäten und Auffassungen, die für praktisch alle Schichten und Berufssparten Deutschlands repräsentativ waren. Absolute Staatsgläubigkeit, militarisiertes Denken, übereifriger Untertanengeist, eine moralische Schranken nicht akzeptierende Autoritätsfixierung, Ablehnung der Demokratie und überzeugte Befürwortung des Führerprinzips, Antisemitismus und Rassismus, die am Ende nicht bei Worten haltmachten, sondern sich in Befehlen und Taten niederschlugen. Diese deutschen »Tugenden« und ideologischen »Weltanschauungen« wirkten schon lange vor Hitlers Auftritt in der Geschichte weit in die Bevölkerung hinein, ergriffen Kleinbürgertum und Bauernschaft, lohnabhängige Arbeiter und das konservative Bürgertum.

Noch nach dem Untergang des Dritten Reiches beriefen sich die überlebenden Täter und Mitläufer, ja ein ganzes Volk auf diese »Tugenden«. Nicht Hitler, sondern dem Staat habe man gedient, erklärten Richter, Hochschullehrer, Polizei- oder Verwaltungsbeamte. Nicht Hitler, sondern die Ehre der Armee und des Staates sei Richtschnur ihres Handelns gewesen, durften Generale und die ihnen unterstellten Offiziere nahezu unwidersprochen zur Rechtfertigung für sich reklamieren. Von Auschwitz habe man nichts gewußt und es natürlich auch nicht gewollt, aber jedes Volk habe das Recht, sich gegen Feinde (bolschewistische Slawen) oder zu sehr vordrängende Minderheiten (die Juden) zu schützen, empörte man sich nicht nur an den Stammtischen. Eide auf den aufopfernden Einsatz für Staat, Volk und »Recht« habe man geschworen, beteuerten die Mörder und ihre Gehilfen, allein seine Pflicht habe man getan, Befehl sei auch im nationalsozialistischen Staat Befehl gewesen.

Die oben beispielhaft angeführten Zitate stammen von Männern, die keineswegs alle fanatische Nationalsozialisten waren. Keitel war es sicher, auch Blomberg ließ sich vom Führer schnell faszinieren. Er schlug ihm erfolgreich vor, den Soldateneid nicht auf den Staat, sondern auf Hitler schwören zu lassen. Aber Manstein entstammte wie viele seiner Kameraden an der Wehrmachtsspitze einer konservativen, traditionsbewußten Offiziersfamilie, Heidegger und Benn (der im weiteren Verlauf der Hitlerjahre in Schweigen verfiel und vom Regime geschnitten wurde) kamen aus dem mittleren Bürgertum, Reichsgerichtspräsident Bumke, 1874 als Sohn vermögender Eltern geboren, war erzkonservativ, doch »preußisch« erzogen und hochgebildet. Die katholischen und evangelischen Bischöfe wahrten zwar nach 1918 Abstand zu den demokratischen Entwicklungen, aber vor 1933 zählten sie nicht zu den Anbetern des Nationalsozialismus.

Richard Strauss, der berühmteste deutsche Komponist dieser Jahrzehnte, und Gerhart Hauptmann, zu seinen Lebzeiten Deutschlands bedeutendster Dramatiker, ließen sich zu Aushängeschildern des Dritten Reiches machen, gaben zahlreiche Loyalitätserklärungen ab, die inhaltlich das rassistische und nationalistische Gedankengut des Nationalsozialismus propagierten. Der eine wuchs in der wohlhabenden, künstlerischen Bürgerwelt der bayerischen Metropole auf, der andere als Hoteliers-Sohn im ländlich-kleinstädtischen Schlesien.

Mancher Teilnehmer am Attentat vom 20. Juli 1944 hatte Hitlers Machtübernahme begrüßt, ihm mehr oder weniger lange gedient, bis er angesichts der Kriegslage oder als die ersten Nachrichten von der Ermordung der Juden im Osten bekannt wurden, mutig die Seite wechselte. Ludwig Beck wurde 1935 Generalstabschef, und unter seiner Leitung wurden gigantische Aufbaupläne für die Wehrmacht entwickelt. Er prägte den Begriff von der »offensiven Verteidigung«, der angesichts der ihm bekannten Pläne Hitlers die Wirklichkeit auf den Kopf stellte. Während der Sudetenkrise 1938 trat er zurück. Die Brüder Stauffenberg gehörten in den zwanziger Jahren dem George-Kreis an, dessen elitäre und antisemitische Haltung sie also offensichtlich teilten. Sie sahen in Hitlers Machtübernahme den Beginn einer glänzenden deutschen Zukunft. Claus von Stauffenberg äußerte sich nach dem Polenfeldzug und vor dem Angriff auf Frankreich in seinen Briefen an Frau und Eltern oder in Gesprächen äußerst anerkennend über Hitler und gab sich siegesgewiß. Wie hätte er wohl gehandelt, wenn der Rußlandfeldzug erfolgreich für Deutschland verlaufen wäre? Auch er hatte die Judenverfolgungen im Reich, die in ihren Zielen klar erkennbare Aufrüstungspolitik und die rassistischen ersten Feldzüge Hitlers hingenommen. Er verdient Respekt, da der weitere Verlauf der Juden- und Slawenvernichtung ihn zur Umkehr bewog, er den Widerstand wählte, schließlich sein

Leben gegen die Diktatur einsetzte. Aber auch Stauffenberg war gefangen in einer Staats- und Führergläubigkeit, einem latenten Antisemitismus wie unendlich viele seiner Landsleute. Vielleicht nicht für die politisch indifferenten Künstler Strauss und Hauptmann, doch für alle anderen Genannten gilt, daß sie die Republik von Weimar scharf abgelehnt hatten, ihr Staats- und Gesellschaftsdenken autoritär und restaurativ war.

Völlig zu Recht hat die Geschichtsschreibung versucht, die historischen Entwicklungen, die gesellschaftlichen Strukturen im Deutschland vor 1933 und die technologisch-bürokratischen »Apparate« des Dritten Reiches sichtbar zu machen und die unheimliche Perfektion der Vernichtungsmaschinerie offenzulegen. Die unverhinderbare Abstraktion, in die solche Darstellungen rasch einmünden, birgt die Gefahr in sich, daß wir die einzelnen Menschen in diesem Räderwerk des Terrors hinter dem Schleier kluger (oder oberflächlicher) Analysen aus den Augen verlieren. Aber auf der Opfer- und auf der Täterseite waren es in jedem einzelnen Fall Menschen und nicht Strukturen oder Apparate, die handelten oder litten, mordeten oder ermordet wurden. Die Wehrmacht – das waren Generale, die Mordbefehle unterschrieben oder das Vorgehen der SS-Einheiten deckten. Das waren Soldaten (und Polizisten), die sich zum Erschießungskommando einteilen ließen oder alten Juden in den Ghettos grinsend die Bärte abbrannten. Die Justiz – das war jeder einzelne Richter, der seine gegen Menschenrechte und Rechtsnormen verstoßenden Urteile sprach. Die Industrie – das war jeder Konzernmanager oder Unternehmer, der für seinen Betrieb Häftlinge arbeiten ließ und die hohe Sterbestatistik seiner hungernden Sklaven wöchentlich studieren konnte. Die Intellektuellen – das waren jeder Journalist, Dichter oder Schauspieler, der den Heroismus der Zeit besang, während in den Lagern und an den Fronten Tod und Verderben wüteten. Die Bürokratie – das war jeder einzelne Staatsbedienstete, der die Nürnberger Rassengesetze im alltäglichen Lebensbereich der Betroffenen durch die von ihm unterschriebenen Anweisungen in Realität umsetzte. Die Deutschen, das waren immer Einzelwesen, die mitmachten oder ablehnten, unterstützten oder einem Opfer halfen, die hysterisch bei Hitlerauftritten jubelten oder lachten, wenn ein Jude gezwungen wurde, mit der Zahnbürste den Gehsteig vor seinem mit dem Davidstern »gezeichneten« Geschäft zu säubern.

Jedes Volk besitzt einen gewissen Prozentsatz von Mördern und Sadisten, habgierigen Neidern und sonstigen unmenschlichen Zeitgenossen. In Diktaturen aller Richtungen schlägt für sie stets die Stunde, in der ihre Triebe und Machtsüchte freien Lauf bekommen und sie legalisiert werden. Stalin hatte eine riesige Schar von Helfern, in Francos Folterkellern standen viele Henker bereit, Pol Pot hat seine Landsleute nicht allein erschlagen, und die Berichte aus dem ehemaligen Jugoslawien bieten ein Schreckensszenario von Untaten, die Serben, Kroaten oder Bosnier an Angehörigen der jeweils anderen ethnischen Gruppierungen begangen haben.

In Hitlerdeutschland wurde aus vereinzelten Tätern jedoch ein System. Eine Zivilgesellschaft offenbarte, daß die politische und individuelle Ethik, auf der sie sich angeblich gründete, in den tieferen Schichten offensichtlich im vorangegangenen Jahrhundert merklich-unmerklich abgelöst worden war von einem Denken, das sie »reif« gemacht hatte, für eine »Umwertung aller Werte«. Nationalismus, Rassismus und Kapitalismus waren allerorts, aber besonders in Deutschland gewaltige Triebfedern des Unheils. Als sie sich mit den mentalen »Besonderheiten« der Deutschen verbanden und die historische Situation die Möglichkeit einer »Revolution« anbot, schlug der Funke über.

## Militarismus, Nationalismus, Antisemitismus

Preußens Friedrich I., der »Soldatenkönig«, vollendete in seinem Staat den Absolutismus, schuf eine zentralisierte Bürokratie und vergrößerte seine Armee kräftig durch eine ziemlich brutale Rekrutierung der leibeigenen Bauern. Einen Krieg führte er nie. Sein Sohn, der gerne tanzte und musizierte, auch die Philosophen der frühen französischen Aufklärung eifrig studierte, erschien ihm recht verweichlicht. Als dieser gemeinsam mit dem Freund Katte einen Fluchtversuch unternahm, der kläglich scheiterte, ließ der König den »Komplizen« zur Belehrung des Thronerben vor dessen Augen hinrichten, was den unfreiwilligen Zuschauer in eine lebensbedrohende psychische Krise stürzte. Selbst König, nutzte Friedrich II. die väterliche Vorleistung und fiel mit seiner Armee als Landräuber in das habsburgische Schlesien ein. Die sich Jahre hinziehenden Kriege, an denen neben einigen weiteren deutschen Staaten Frankreich, Rußland und England beteiligt waren, führten auch zu Schlachten in den von den französischen Bourbonen und den englischen Hannoveraner-Königen begehrten amerikanischen Kolonien. Friedrich stand mehr als einmal am Rande der totalen Niederlage. Glückliche historische Zufälle (der Tod der Zarin Elisabeth beispielsweise) und der von Angst vor dem politisch-militärischen Bankrott gesteuerte Durchhaltewille brachten ihm schließlich einen Frieden, der Schlesien in Preußens Hand beließ. Den Rest seiner Herrschaft widmete er sich der Kolonisation Ostpreußens, kujonierte seine Beamten und Generale, las französische Literatur und verachtete die Deutschen herzlich. Die aber nannten ihren verehrten Friedrich bald »den Großen«.

Im 19. Jahrhundert wurde der Mann zur Legende. Deutsche Väter und Lehrer dachten an den so erfolgreichen Pädagogen auf dem preußischen Thron und sorgten mit strengen Erziehungsmaßnahmen und drakonischen Strafen dafür, daß aus ihren Söhnen harte deutsche Männer wurden. Wenn es dann im Laufe der Geschichte brenzlig wurde, sangen die Armeeführer und Pfarrer angesichts der Leichenberge ein donnerndes »Nun danket alle Gott« und hielten durch bis zum bitteren Ende. Nach der Schlacht an der Marne 1914 stand bereits fest, daß die kaiserliche Armee den Krieg nicht mehr gewinnen konnte, nach dem Kriegseintritt der Amerikaner 1917 war die Niederlage besiegelt. Wilhelm II., Hindenburg und Ludendorff erinnerten ihre Untertanen daran, wie einst Friedrichs zähes Durchhaltevermögen den Sieg in aussichtsloser Lage doch noch herbeigeführt hatte, und warfen Bataillon für Bataillon in die sinnlosen Schlachten. Als Deutschland im Zweiten Weltkrieg von allen Seiten eingekreist war und die deutschen Städte Tag für Tag, Nacht für Nacht unter dem ungebremsten Bombenhagel der alliierten Luftflotten in Schutt und Asche fielen, schwadronierten Hitler und Goebbels vom »Wunder«, das Friedrich damals beim Tod der Zarin gerettet habe (die historische Analogie war im todkranken Roosevelt zu sehen), und vom »eisernen« Willen dieses großen Preußen, der das Unmögliche möglich gemacht habe. 12 Jahre zuvor hatten sich in der Potsdamer Garnisonskirche des letzten Hohenzollern ehemaliger General, Paul von Hindenburg, und der einstige arbeitsscheue Vagabund der Wiener Vorstädte gemeinsam vor dem Grab Friedrichs verneigt. Auch Deutschlands Konservativen, die den Emporkömmling für nicht satisfaktionsfähig erklärt hatten, traten Tränen in die Augen: Es war geschafft, die Schande von Versailles getilgt, die bolschewistische Republik besiegt. Nun konnte Deutschland wieder nach vorn schauen, so wie damals Friedrich, als er Preußen gleichberechtigt an die Seite der europäischen Großmächte gestellt hatte.

Friedrichs Nachfolger waren wenig auffällig, Preußen erlebte mit den Niederlagen gegen Napoleons Armeen einen tiefen Sturz, den es nur dank entschiedener innerer Reformen von Verwaltung und Militär und der keine Grenzen kennenden Hybris des korsischen Kaisers überlebte, dessen Armeen in den riesigen Weiten des russischen Reiches erfroren. In den »Freiheitskriegen« erreichte der Nationalgedanke einen ersten Höhepunkt, Deutschlands Dichter besangen das Vaterland, der geniale Heinrich von Kleist schrieb seine antifranzösischen Haßtiraden, und auf der Wartburg forderten im Oktober 1817 die langhaarigen und »altdeutsche« Bärte tragenden Burschenschaftler die großdeutsche Nation. Sie schwangen die schwarzrotgoldene Fahne, warfen »undeutsche« Schriften in lodernde Scheiterhaufen und schimpften auf Juden und Franzosen. Heinrich Heine spottete hellsichtig: »Auf der Wartburg herrschte jener beschränkte Teutonismus, der viel von Liebe und Glaube greinte, dessen Liebe aber nichts anderes war als Haß des Fremden und dessen Glaube nur in der Unvernunft bestand, und der in seiner Unwissenheit nichts besseres zu erfinden wußte, als Bücher zu verbrennen.«

Bis zum Revolutionsversuch der Jahre 1848/49 herrschte die Restauration in Deutschland-Österreich, der Wiener Kanzler Metternich unterdrückte mit Hilfe des russischen, preußischen und seines eigenen Monarchen alle Reform- und Demokratiebekundungen, Georg Büchner, der 1834 »Friede den Hütten, Krieg den Palästen« rief, mußte wie viele andere Liberale und Demokraten ins Exil flüchten. Die deutschen Romantiker verfluchten die Moderne, etwa die Eisenbahn, entdeckten das Mittelalter, träumten vom hausbackenen Ständestaat und malten hübsche Bilder oder schrieben schöne, realitätsferne Bücher.

Was hier etwas leichthändig erzählt wird, hat tatsächlich etwas mit deutschen »Sonderwegen« zu tun. Seit Mitte des 19. Jahrhunderts, als Preußen begann, Österreich die Hegemonie im Machtspiel der deutschen Staaten streitig zu machen, verwirrten Friedrich und die angeblichen preußischen Tugenden, das Heraufbeschwören des mittelalterlichen Reiches und der moderne Nationalgedanke die Köpfe der Deutschen. Mit Bismarck trat dann ab 1862 ein Politiker in den Vordergrund, der scheinbar all die Sehnsüchte und verqueren politischen Träume erfüllte, die seine Landsleute in den vorangegangenen Jahrzehnten so heftig umgetrieben hatten. Fatalerweise mußte er zur Vollendung seines Werkes drei Kriege vom Zaun brechen. Sie brachten zwar nur die kleindeutsche Lösung, das 1866 geschlagene und vom preußischen Konkurrenten gedemütigte Österreich blieb ausgeschlossen, aber die Deutschen hatten nun endlich ihr Kaiserreich, ihren Nationalstaat. Wobei sie ihre besondere Sensibilität für historische Situationen nicht zuletzt dadurch bewiesen, daß Preußens König sich im Spiegelsaal des Versailler Schlosses zum Kaiser proklamieren ließ.

Also doch Friedrich, Bismarck, Hitler? Das ist natürlich unsinnig. Ganz abgesehen von der Unvergleichbarkeit dieser Männer und der Zeit, in der sie agierten, lag vieles, was in der »verspäteten« Nation der Deutschen geschah, im Epochentrend. Aber es verfestigten sich – zunächst kaum auffallend – in Deutschland Gedanken und Verhaltensweisen, die dann in der krisengeschüttelten Weimarer Spätphase Hitler für unendlich viele seiner Mitbürger nicht mehr als undenkbare Figur erscheinen ließen.

Im besonderen gilt dies zunächst einmal für das Ansehen und die Stellung des Militärs. Preußens Aufstieg unter Friedrich und dann unter Bismarck wurde mit kriegerischen Mitteln errungen. Die Armee war der entscheidende Faktor in diesem Machtspiel. Wohl nirgends hat der Militarismus eine solche Dimension erreicht wie in Deutschland. Die Uniform wurde zum Leitbild, der Offizier, gleichgültig mit welchen geistigen oder charakterlichen Gaben er ausgestattet war, ließ nicht nur die Dienstmädchen hinsinken, sondern löste auch bei friedlichen deutschen Familienvätern heroische Gefühle aus. Im bürgerlichen Elternhaus, in den Schulen und Turnvereinen ging es nach den »bürgerlich-gemütlichen« Jahren des Biedermeier bald recht zackig zu. Es wurde in der Regel angeordnet und Widerspruch nicht geduldet. Die Armee ist auf Befehl und Gehorsam aufgebaut, und die deutsche Gesellschaft übernahm diese Haltung nach den Triumphen von Königgrätz und Sedan mit Begeisterung.

Wer meint, die Wirkung dieser Haltung würde hier historisch überschätzt, sollte nicht vergessen, welchen verheerenden Einfluß die Armeeführung spätestens ab 1912 in der deutschen Geschichte hatte. Der Schlieffenplan, aufgebaut auf Voraussetzungen, die den Bruch des Völkerrechts und eine bestimmte – sich dann nicht ergebende – europäische Koalitionssituation beinhalteten, ließ der politischen Führung im Juli 1914 einen Sieg und einen kurzen Krieg sicher erscheinen. Die Politik unterwarf sich der Strategie der Militärs. Die Generale Hindenburg und Ludendorff waren ab 1916 praktisch die Alleinherrscher über Deutschland und verlängerten den Krieg und das Leiden von Millionen. Die Reichswehr bekämpfte die Weimarer Republik vom ersten Tag an, ließ sich von der Verfassung, dem demokratisch gewählten Reichstag oder den Regierungen nicht hineinreden, wurde »Staat im Staate«, unterstützte die blutigen Einsätze der Freicorps und Fememorde, forcierte die verbotene Aufrüstung, kungelte schließlich in der Person des Generals Schleicher kräftig mit, als die Demokratie ab 1930 verfiel und Hitler die Pforten öffnete. Die Weimarer Reichswehrminister Noske (SPD), Gessler (DDP) und Groener (ehemals Generalquartiermeister im kaiserlichen Heer) deckten und förderten das

78

illegale und antirepublikanische Handeln von Reichs-
wehrchef von Seekt. Selbst der anständige Friedrich
Ebert, im Herzen Monarchist, rang die angeblich »bolschewistische« Revolution in den Monaten nach der
Kapitulation im November 1918 mit Hilfe eines Paktes
zwischen Armeeführung und dem »Rat der Volksbe-
auftragten« nieder. »Im Felde unbesiegt«, rief er, die historischen Fakten verleugnend, den heimkehrenden Trup-
pen zu. Hindenburg hörte dies gern und begann, die
berüchtigte, die Republik schwer belastende »Dolchstoßlegende« zu propagieren. Die von der Niederlage
völlig überraschten Deutschen bestärkten solche verfäl-
schenden Äußerungen ihrer Autoritäten in der Auffassung, daß in Versailles von den »Vaterlandsverrätern«
ein ungerechter »Schandfriede« geschlossen worden sei.
An den Universitäten wurde in diesen Jahren die Generation haßvoll mit den Legenden vom »Verrat« der Demokraten und der »Lüge« der Kriegssieger geschult, die
dann im Dritten Reich wichtige gesellschaftliche Funktionen übernahm. Der ehemalige Generalfeldmarschall
war es im übrigen auch, der Hitler schließlich nach
einigem Widerstreben mit der Regierungsbildung be-
auftragte.

1890 wurde der Alldeutsche Verband gegründet. Er
besaß keinen allzu hohen Mitgliederbestand, wurde aber
nach der 2. Marokko-Krise 1911 im konservativen Lager ungemein einflußreich. Radikal forderte er eine deutsche »Weltpolitik«, führte die Flotten- und Kolonial-
kampagnen an, und im Ersten Weltkrieg propagierte
er ausufernde Kriegsziele. Natürlich waren die Alldeutschen antisemitisch, Juden wurden nicht aufgenommen.
Ab 1908 leitete Heinrich Claß den Verband und setzte

nicht nur das autoritäre Führerprinzip durch, sondern akzentuierte auch die antisemitische Politik der Vereinigung. 1912 veröffentlichte er das vielbeachtete Buch »Wenn ich Kaiser wär'«, in dem er für »eine Presse von Deutschen für Deutsche in deutschem Geist geschrieben« plädierte, das allgemeine Wahlrecht scharf ablehnte und »neuen Lebensraum« für das »übervölkerte« Deutschland verlangte. Juden sollten unter »Fremdenrecht« gestellt werden und ihnen müßte der Zugang zu öffentlichen Ämtern verwehrt werden, schrieb der Chef der Alldeutschen. Im Weltkrieg von 1914 erkannte Claß den schon so lange debattierten Rassenkampf »zwischen dem reinen, festen und idealistischen germanischen Wesen und der unreinen, wurzellosen, materialistischen Mobilität des Westens, deren reinste Inkarnation das Judentum darstellt«. Claß und sein Verein bekämpften die Weimarer Republik, waren Teilnehmer der Harzburger Front und stellten sich bis zur Auflösung im Jahr 1939 auf die Seite Hitlers, der große Sympathien für die Thesen der Alldeutschen und ihres Vorsitzenden hegte. Auch diese antisemitische, militaristische und nationalistische Organisation fand bei der Masse des Bürgertums und der Mittelschichten ein dankbares und kopfnickendes Publikum.

Der Stahlhelm, der Bund der Frontsoldaten, wurde Ende November 1918 von ehemaligen kaiserlichen Offizieren und Junkern gegründet. Er hatte über eine halbe Million Mitglieder und lehnte die Republik radikal ab. In dieser einflußreichen militarisierten Sammelbewegung fanden Konservative, Monarchisten, Deutschnationale, Alldeutsche und Antisemiten ihre Heimat. 1931 beteiligte sich der Stahlhelm gemeinsam mit Hitler und

Hugenberg am Treffen der Harzburger Front, auf dem der Zusammenschluß der rechtsextremen Opposition erfolgte.

Es ist eigentlich fast logisch, daß die Wehrmachtsführung nach der Machtübernahme in Hitler einen Verbündeten für ihr Denken und Planen sah, sein »Revanchedenken«, seine Drohungen, seine Feindbilder erwiesen sich nahezu deckungsgleich mit ihren eigenen Vorstellungen. Die Armee war in der Zeit nach 1933 die einzige Gruppierung, die den Diktator hätte stürzen können. Sie tat es nicht, weil er letztlich ihr Mann war. So schworen sie ihren Soldateneid nicht mehr auf den Staat, sondern auf den Führer. So folgten sie schließlich auch Befehlen, die nur Menschen akzeptieren können, die Gehorsamsrituale so stark verinnerlicht haben, daß sie jede Distanz zu ihnen verlieren.

Möglich war diese überragende Rolle der Militärs in der jüngeren deutschen Geschichte, weil der Geist, der sie bewegte, auch die Masse der Bürger fesselte, Flottenpläne und Kaiserparaden, Denkmalseinweihungen und Sedanfeiern ihre Herzen bald höher schlagen ließen. Weder in Frankreich noch in England oder in den Vereinigten Staaten hat die Armee auf längere Zeit eine solche politisch bedeutende Stellung erringen können. Die französische Republik stoppte die Bestrebungen ihrer militärischen Führung, die Politik zu beherrschen, in der berühmten Dreyfus-Affäre energisch. Die Briten waren zwar übertrieben stolz auf ihre berühmten Feldherrn Marlborough, Wellington oder Montgomery, aber sie ließen es nie zu, daß das Parlament ihren Generalen und Admiralen auch nur eine Handbreit Macht abtrat. Ihren »Kriegspremier« Winston Churchill wählten sie nach dem Sieg über Hitler erst einmal sicherheitshalber ab. Amerikas Präsidenten Wilson oder Roosevelt bestimmten während der Weltkriege eindeutig die Richtlinien der Politik, Truman entließ seinen General McArthur im April 1951, als dieser Politik zu machen versuchte und die Bombardierung Chinas mit Atomwaffen forderte.

Eine Gesellschaft, in der Gehorsam ein zentrales Verhaltensmerkmal wird, produziert im Laufe der Generationen keine selbstbewußten Bürger, sondern willenlose Untertanen. Preußens Militärgeist spielte in diesem Prozeß eine wichtige Rolle, und nach 1890 schwappte der deutsche Untertanengeist auch hinüber in die südlichen und westlichen Regionen des Reiches. Pflichten des Einzelnen gegenüber seinem Staat, Ordnungssinn und Fleiß, Pünktlichkeit und Gehorsam wurden zu Werten an sich. Sie orientierten sich an einem abstrakten, allem übergeordneten Staatsbegriff. Die Obrigkeit, was immer auch ihr Ziel war, ordnete an oder befahl, bis dann der Ruf »Führer, wir folgen dir« im Land ein vielfaches Echo fand. Max Webers berühmte Forderung, zwischen »Verantwortungs- und Gesinnungsethik« zu unterscheiden, wurde in Deutschland klar beantwortet: Die Gesinnung wurde zum entscheidenden Kriterium für einen »anständigen und wertvollen« Staatsbürger.

Nur am Rande sei – auch gegenüber den heutigen Rufern nach Wiederbelebung der alten »preußischen« Werte – angemerkt, daß diese schon zu Zeiten des seligen »Alten Fritzen« vor allem auf Unterdrückung und Zwang beruhten. Friedrich war nicht, wie er sich selbst stilisierte, der »erste Diener seines Staates«, sondern ein absoluter Herrscher, der seine Beamte lediglich als Vollzugsorgane seines Willens betrachtete, ihnen kaum einen Freiraum im Handeln beließ, willkürlich eingriff, wenn ihm Entscheidungen nicht paßten. Der berühmte preußische Beamte war nicht Staatsbürger, sondern in der Regel ein blind gehorchender Befehlsempfänger, seine »Tugenden« die Folge von Druck und Angst vor persönliche Mißhelligkeiten. Da irrt auch Theodor Fontane, wenn er in seinen wunderschönen Romanen nostalgisch das »alte« Preußen mit dem aus seiner Sicht verlotterten Zuständen im Bismarck-Reich vergleicht. Wobei es hier nicht um die Ausnahmen geht, nicht um Männer wie Stein, Hardenberg, Scharnhorst, Gneisenau (und manchen anderen), die in Preußens Krisenjahren recht entschieden gegen ihre Monarchen aufstanden, um ihre Reformen durchzusetzen oder sie doch zumindest zur Debatte zu stellen. Es geht auch nicht um den preußischen Kammergerichtsrat E. T. A. Hoffmann, der sich während der Metternichschen Restaurationszeit im Amt couragiert für die als »Aufwiegler« verfolgten Burschenschaftler und »Turnvater« Jahn einsetzte, die zwar – wie schon erwähnt – nationalistisch und antisemitisch, aber immerhin auch Liberale waren. Daß Hoffmann daraufhin mit einem Disziplinarverfahren belegt wurde, verweist viel genauer auf unsere Tugendtradition.

Untertanengeist und Autoritätsanbetung begannen in Deutschland zu grassieren wie in wohl keinem anderen Land unseres Kulturkreises. Im Bismarckreich wurde staatliches Obrigkeitsdenken zum Machterhalt von Agrar- und Industrieeliten, von Adel und konservativem Großbürgertum konsequent instrumentalisiert. Der innenpolitische Gegner war rasch ausgemacht: die Arbeiterbewegung, der sich kulturell separierende Katholizismus und die kleine Schar der Pazifisten und Demokraten. Reformen kamen von oben, es gab keine Pariser »Kommune«, kein die Kräfte bündelndes bürgerlich-linksliberales Aufbegehren gegen Adel und Militär, kein Parlament, das zäh und unnachgiebig seine Rechte erfocht und verteidigte.

Seit Metternichs Tagen wurde Meinungs- und Denkfreiheit im deutsch-österreichischen Raum unterdrückt und verfolgt. Aber nicht nur das: Wer den Staat und die Obrigkeit kritisierte, auf Einhaltung von Recht und Gesetz pochte, die Menschenrechte und demokratische Reformen einforderte, wurde – nicht ohne Beifall eines bigotten und unterwürfigen Klein- und Mittelbürgertums – ein »Nestbeschmutzer«, ein »Staatsfeind«, ein »Majestätsbeleidiger«. Im Dritten Reich hießen sie dann »Volksschädlinge«.

Auch in der Weimarer Republik pochten Justiz und Verwaltung, Reichswehr und die radikalen Parteien auf den Vorrang des Staates vor den Freiheitsrechten des Bürgers. In Hunderten von Urteilen wurden linke Oppositionelle – etwa die politischen Führer des kurzlebigen, rätedemokratischen Freistaates Bayern unter Kurt Eisner oder linksliberale Journalisten im Umkreis der berühmten und im konservativen Lager verhaßten Wochenschrift »Die Weltbühne« – mit aller Schärfe bestraft. Die rechten Fememörder, Separatisten oder Putschisten erfuhren dagegen die ganze Milde einer verständnisvollen Richterschaft. Die Mörder von Eisner oder Rathenau und andere rechte Gewalttäter durften gewiß sein, daß in der Urteilsbegründung nie vergessen wurde, auf ihre »ehrenhafte nationale Gesinnung« hinzuweisen, die äußerst strafmildernd gewertet wurde. Auch Hitler stand bei seinen verschiedenen Gerichtsauftritten als Angeklagter oder Zeuge in den zwanziger Jahren Richtergremien gegenüber, die nicht verhehlten, wie sehr sie mit den von ihm langatmig vorgetragenen, die Republik verdammenden Tiraden über die »Novemberverbrecher« oder die »jüdisch-bolschewistische Weltgefahr« sympathisierten. 1926 erklärte Walter Simons, Präsident des Reichsgerichts, unmißverständlich: »Bei uns ist das Richtertum der Monarchie als Ganzes in den neuen Staat hereingegangen ..., aber mit dem neuen Regime (!) bekam der Richter nicht den neuen Geist. Es wäre erstaunlich, wenn es anders gewesen wäre. Der Geist mußte bleiben. ... Der Richter ist konservativ.« Eine Feststellung, die für nahezu alle Bereiche staatlicher Organe in der Weimarer Republik seine Gültigkeit besaß.

Charles Dickens und William Thackeray oder Honoré de Balzac und Victor Hugo schrieben im 19. Jahrhundert ihre großen Gesellschaftsromane, die die sozialen und rechtsstaatlichen Wunden, das Versagen des englischen und französischen Mittelstandes und Adels, die zerstörerische Herrschaft des modernen Kapitalismus mit unbestechlichem Blick aufzeigten. Sie wurden angegriffen, gelegentlich drangsaliert, Hugo mußte sogar als aktiver liberaler Politiker – nicht wegen seiner dichterischen Werke! – in den Jahren Napoleons III. ins Exil gehen. Ihre Völker jedoch feierten sie als literarische Klassiker, hochverehrte Intellektuelle. In Deutschland schlug die Zensur zu, Wilhelm II. kündigte sein Abonnement beim Berliner Staatsschauspiel, als Stücke des »Gossenschriftstellers« Gerhart Hauptmann aufs Programm kamen. Wildenbruch, Felix Dahn oder Gustav Freytag waren unsere nationalen »Klassiker«. Sie suchten ihre Stoffe zum Zwecke der ideologischen Aufrüstung und der nationalen Aufmunterung ihrer Landsleute in der germanischen, mittelalterlichen oder gar antiken Welt. Kein Wunder, daß dann in den Weimarer Jahren die bedeutendsten deutschsprachigen Autoren, als sie sich für die Republik einsetzten, von den Konservativen und Rechtsradikalen diffamiert und bedroht wurden und das Reichswehrministerium die demokratischen Journalisten und Zeitungen mit Landesverratsklagen und Beleidigungsprozessen überzog. Viele von ihnen retteten nach dem Sieg des Nationalsozialismus ihr Leben nur durch die schnelle Flucht.

Das Dritte Reich konnte auf all diese deutschen Tugenden bauen. Die Nationalsozialisten glaubten zwar, sie hätten eine deutsche Revolution in Gang gesetzt, aber ihr Vokabular, ihre Auffassung vom Verhältnis Staat – Bürger war nur die Übersteigerung eines traditionellen Wertesystems. Sie gehorchten der neuen Regierung, die deutschen Untertanen. Sie hatten nichts gegen die Aufrüstung, die deutschen Militärapologeten. Schließlich organisierten sie mit Hilfe von Wehrmacht und Polizei, Eisenbahnbeamten und Industriemanagern, kommunalen Verwaltungen und Justizbehörden, Ärzten und Chemikern den Holocaust. Im Namen des Staates, im Namen des Rechts, im Namen der Pflicht. So wie sie es von ihren Vätern gelernt hatten.

Wie tief sich das Autoritätsdenken in die deutsche Gesellschaft eingegraben hatte, spürten wir auch nach dem Untergang des Nazistaates. Die Kapitulation vom Mai 1945 empfand die Mehrheit in Deutschland nicht als Befreiung, sondern als Niederlage. Noch die Rede des damaligen Bundespräsidenten Richard von Weizsäcker zur 40jährigen Wiederkehr des Kriegsendes – in der er den Befreiungsaspekt betonte – löste bei den Konservativen in der Bundesrepublik Empörung aus. In unserer Gesetzgebung und Rechtsprechung finden sich bis heute Normen, die die Rolle des Staates gegenüber seinen Bürgern autoritär betonen: im Demonstrations- und Polizeirecht beispielsweise oder in der restriktiven Auslegung manches Verfassungsartikels. Der Versuch vieler überlebender Justizopfer (oder ihrer Nachkommen), eindeutige Unrechtsurteile aus den späten Jahren der Weimarer Republik oder aus dem Dritten Reich durch bundesrepublikanische Gerichte für ungültig erklären zu lassen, scheiterte. Es gebe keine neuen »Rechtsaspekte« oder damals sei nach »geltendem Recht« verfahren worden, ließen die Richter die um ihre Rehabilitation kämpfenden Kläger wissen.

Tucholskys Satz »Soldaten sind Mörder« löste in den vergangenen Jahren eine öffentliche Debatte aus, wie es seitens unserer Politiker bei Diskussionen über andere Berufsgruppen in dieser Heftigkeit nie geschehen ist. Wohl in keinem unserer Nachbarländer ist der »Ordnungswille« und die Regulierungssucht des Staates so ausgeprägt wie in der Bundesrepublik. Die Bürokratie hat sich auch in Frankreich, Italien oder sogar in Großbritannien krebsartig ausgeweitet, aber in Deutschland trägt sie immer noch in vielen Bereichen die modrigen Kleider des alten Staatsmachtdenkens. Der Streit um das Ladenschlußgesetz, der unser Land über Jahre bewegte, ist da mehr eine amüsante Variante deutscher Ordnungspolitik, und – dies sei unterstrichen – welch ein

Glück, daß wir uns nach 50 Jahren demokratischer Einübung häufig nur mit solch harmlosen Fragen staatlicher Bevormundung herumplagen müssen.

Seine Radikalisierung erfuhr das deutsche Obrigkeits- und Untertanendenken, die »Militarisierung« der Gesellschaft durch die Rassentheorien, die seit Mitte des 19. Jahrhunderts in Europa auflebten. Mit ihnen erhielt der Antisemitismus eine gefährliche Neuinterpretation. In Frankreich hatte er sein häßliches Gesicht auf spektakuläre Weise in der unrechtmäßigen Verurteilung des jüdischen Hauptmanns Dreyfus gezeigt. Allerdings setzte der jahrelange, schließlich erfolgreiche Kampf um dessen Rehabilitierung den französischen Antisemiten klare politische Grenzen. England war latent antisemitisch, aber der gesellschaftliche common sense, der es auszeichnete, ließ es nie zu gewalttätigen Ausuferungen kommen. Die Vereinigten Staaten ringen seit ihrer Selbständigkeit mit dem Rassismus. Schwarze, Puertorikaner, Mexikaner, die Nachkommen der Indianer und Juden, die dort ihre weltweit größte Gemeinde besitzen, werden diskriminiert. Aber auch hier kam es nie zu mit deutschen Verhältnissen vergleichbaren Entwicklungen. Die Juden in den östlichen Staaten erlebten kurz vor und nach der Jahrhundertwende wüste Pogrome, und die deutlich antisemitischen Tendenzen des Stalinismus erwiesen sich noch während der Schauprozesse, die in den frühen fünfziger Jahren in der Sowjetunion, in Ungarn und in der Tschechoslowakei durchgeführt wurden.

In Deutschland konnte sich der Antisemitismus am verheerendsten auswirken, weil Nationalismus und Autoritätsgläubigkeit fest in der Gesellschaft verankert waren und sich mit ihm verbanden. Hitlers Ausrottung und Vernichtung predigende »Weltanschauung« war von Vorstellungen geprägt, die bereits ab 1890 zu radikalen Massenbewegungen geführt hatten. Natürlich wurden sie vom viel älteren Judenhaß mitgetragen, den Kirchen und Herrscher in ganz Europa am Leben erhielten. Martin Luthers fatale Veröffentlichung über die Juden, die antijüdischen Darstellungen auf Bildern, in Schriften oder an Kirchengebäuden, die eifrig verbreiteten Greuel- und Schauermärchen über den »Ritualmord«, den rastlos durch die Welt schweifenden und verdammten »ewigen Juden«, den »Wucherer« und »Mauschler« gipfelten schon weit vor den modernen Rassentheorien in der »jüdischen Weltverschwörung«, die den guten Christenmenschen bedrohe.

Nach der Französischen Revolution schien es zunächst tatsächlich zu gelingen, den Antisemitismus durch die Gedanken der Aufklärung und das Postulat der Gleichheit aus der europäischen Geschichte zu verbannen. Die rechtliche Gleichstellung der jüdischen Mitbürger wurde schließlich teilweise auch in Deutschland durchgesetzt. Die Frankfurter Paulskirchenversammlung hielt sie in Artikel V der »Grundrechte des deutschen Volkes« am 27. Dezember 1848 fest. Allerdings wurden diese »Grundrechte« nur von einem Teil der deutschen Staaten übernommen. In Westeuropa endete zumindest die Zeit der Ghettos, Juden konnten sich beruflich frei entfalten.

Wie brüchig diese Rechtsreformen in Wirklichkeit waren, zeigten – neben den unausrottbaren Vorurteilen – allerdings die Beschränkungen, die der Staat den Juden nach wie vor setzte. In Deutschland war ungetauften

Juden auch in den Jahren des Wilhelminismus der höhere Staatsdienst weitgehend verschlossen. Die Offizierslaufbahn, eine ordentliche Professur, das war praktisch nicht möglich. So wandten sich jüdische Deutsche der Industrie, dem Bankgewerbe, dem Handel zu oder suchten berufliche Erfüllung in Kultur, Wissenschaft und Politik. Was einigen zwar ungewöhnliche Erfolge bescherte, aber den jüdischen Deutschen insgesamt nur wenig half. Die Antisemiten sahen sich durch die herausragenden Leistungen einer kleinen Minderheit unter den Juden in der Wirtschaft, in der Literatur, im Journalismus und in verschiedenen freien Berufen (Anwälte, Ärzte) in ihren Verschwörungshysterien nur bestätigt. Reinhard Rürup setzt die neue Form des Antisemitismus im späteren 19. Jahrhundert in einen größeren strukturellen Zusammenhang: »Die ›Judenherrschaft‹, zu deren Bekämpfung der preußische Konservatismus wie der politische Katholizismus, die antisemitischen Kulturkritiker wie die volkstümlichen Agitatoren aufriefen, war im Kern nichts anderes als die liberalkapitalistische Gesellschaft in der Krise.«

Aufgrund der dunklen Schicksalserfahrung ihrer Vorväter, die von der Intoleranz ihrer christlichen Umwelt, politischer Unfreiheit, Rechtlosigkeit und wirtschaftlicher Ausbeutung geprägt gewesen war, nahmen viele jüdische Intellektuelle in der politischen Debatte demokratische und sozialistische Positionen ein. Nicht nur unter den russischen Revolutionären waren zahlreiche Juden, auch die Weimarer Linksparteien besaßen einen beachtlichen Prozentsatz jüdischer Mitglieder. Was die Antisemiten sofort von den »bolschewistisch-jüdischen Verschwörungsplänen« sprechen ließ. »Juden sind Kommunisten«, das war in den zwanziger Jahren und später ein gängiges Wort gegenüber den »vaterlandslosen, hetzenden« Intellektuellen, die die Republik verteidigten oder im Exil die Wirklichkeit des Dritten Reiches beschrieben.

Wobei auf einen Punkt hingewiesen sei, der eigentlich selbstverständlich ist: Die große Mehrheit der deutschen Juden – sie stellten insgesamt weniger als ein Prozent der Bevölkerung – war in den Jahren, die hier betrachtet werden, weder parteipolitisch engagiert noch in intellektuellen Berufen oder hohen wirtschaftlichen Managementfunktionen tätig. Sie verdienten ihr Geld als kleine Angestellte, Händler, Arbeiter oder Bauern. Sie hatten sich in ihrem Heimatland assimiliert und wie die Christen in ihrer Umwelt auch überwiegend säkularisiert. Ihre Alltagssorgen, ihre Feierabendvergnügungen, ihre Stammtischgespräche unterschieden sich in nichts von denen der christlichen Nachbarn. Unter ihnen waren Kriminelle und rechtsbewußte Menschen, schlitzohrige Geldmacher und ehrbare Kaufleute, die Mehrheit blieb auch in der Weimarer Republik konservativ und patriotisch. Sie waren so »deutsch« wie alle im Lande. Wenn sich unter ihnen die Wähler rechtsradikaler Parteien in der Minderheit befanden, dann ist dies nicht weniger verständlich als ihre überwiegend demokratische Grundeinstellung. Sie wußten, daß nur der Rechtsstaat ihnen Gleichheit und Schutz bot.

Auf der anderen Seite waren die restlichen 99 Prozent der Deutschen nicht ausnahmslos Antisemiten. Unzählige scherten sich nicht um die antijüdische Propaganda, waren mit Juden befreundet oder arbeiteten neben ihnen im selben Büro oder an derselben Werkbank, schimpften einvernehmlich über zu geringe Löhne, zu hohe Steuern, die miese Wohnungslage, die drohende Arbeitslosigkeit und die Politik im Reichstag. Bücher jüdischer Autoren erreichten in den zwanziger Jahren hohe Auflagen, viele ihrer Stücke waren umjubelt. Jüdische Schauspieler erlebten in den »goldenen Zwanzigern« Triumphe, jüdische Journalisten der bedeutenden liberalen Berliner (oder Frankfurter) Zeitungen fanden eine große Leserschar. Es läßt sich auch in Brief- und Tagebuchnotizen, die in der Zeit des Dritten Reiches entstanden, das Entsetzen und die Abscheu »arischer« Deutscher über die Verfolgung und Terrorisierung ihrer jüdischen Mitbürger nachlesen.

Der Antisemitismus in der deutschen Gesellschaft muß also sehr differenziert gesehen werden, Vorurteile oder Haß blieben im Denken und Handeln der Menschen graduell unterschiedlich. Es hatte, wie sich zeigte, häufig weniger mit dem Bildungsgrad als vielmehr mit dem Gefühl des Einzelnen für Anstand und Menschenwürde zu tun. Beim »Einsatzgruppenprozeß« des Nürnberger Tribunals, in dem die Untaten leitender Beamter des Reichssicherheitshauptamtes abgeurteilt wurden, erklärten die fassungslosen Richter: »Die Angeklagten sind keine ungebildeten Wilden, unfähig, die höheren Werte des Lebens und der Lebensführung zu schätzen. Jeder der auf der Anklagebank Sitzenden hatte den Vorteil einer beträchtlichen Ausbildung genossen. Acht sind Juristen, einer Universitätsprofessor, ein anderer Zahnarzt und wieder ein anderer Kunstsachverständiger.«

Dies berücksichtigend, bleibt aber in Deutschland eine Tradition zu beobachten, die dem Antisemitismus eine Schärfe verlieh, die folgenreicher war als in allen

Nachbarstaaten. Hitlers Zukunftsversprechungen waren eindeutig, sie beinhalteten als einen zentralen Punkt seines Programms die Entrechtung des Judentums, viele seiner Formulierungen konnten keinen Zweifel daran lassen, daß diese mit Gewaltmitteln erfolgen würde, »Vernichtung« und »Ausrottung« gehörten in Verbindung mit rassistischen Haßtiraden zum Standardvokabular der Nationalsozialisten. Millionen Deutsche haben diese Partei trotzdem gewählt und dem Führer Zustimmung signalisiert, als er seine Ankündigungen in die Tat umsetzte.

Der Holocaust hat viele Ursachen, die auf politisch-gesellschaftliche Strukturen der deutschen (und teilweise auch der europäischen) Gesellschaft im 19. und frühen 20. Jahrhundert zurückzuführen sind. Der Weltkrieg, die ökonomischen Krisen, der Modernisierungsschock radikalisierten die Bevölkerung, vor allem die bürgerlichen Mittelschichten und die Bauernschaft. Die Kriegsniederlage und die Ächtung der deutschen Eliten des Kaiserreiches durch die Sieger (Kriegsschuldfrage), das Erlebnis der französischen Besatzer im Rheinland, im Ruhrgebiet und in Rheinhessen wurde für viele junge Menschen, die Anfang der zwanziger Jahre die Universität besuchten, zum Wendepunkt. Sie waren überzeugt vom Neid und Vernichtungswillen der Gegner Deutschlands und der Notwendigkeit, den inneren Feind (Juden und Sozialisten) auszugrenzen, um Deutschlands Wiederaufstieg zur Hegemonialmacht zu erreichen. Ernst Niekisch charakterisierte die Nachkriegsgeneration mit der Bemerkung: »Insgeheim verachtet sie bereits die Sache der Zivilisation, des Fortschritts, der Humanität; sie zweifelt an der Vertrauenswürdigkeit der

Vernunft und erschaudert nicht vor einer Barbarisierung des Lebens.« Aus ihren Kreisen kamen die in Hochschulen ausgebildeten und häufig intelligenten Mörder von Erzberger und Rathenau, und im Dritten Reich besetzten sie die führenden Positionen, die für Planung und Durchführung des nationalsozialistischen Terrors zuständig waren.

Ohne den rassenbiologisch interpretierten Antisemitismus ist diese Haltung nicht denkbar. Er war ein entscheidender Grund dafür, daß die Verfolgung und Vernichtung der europäischen Juden für die Täter eine Legitimation erhielt. Es waren ihre Autoritäten, die so sprachen und urteilten, und so übernahm man deren Weltbilder, ohne zu hinterfragen, blieb – überzeugt, opportunistisch oder gleichgültig – auch noch treuer Untertan, als die Mittäterschaft gefordert wurde.

Diktaturen zeichnet immer Gewalt und Rechtlosigkeit aus. Der Nationalsozialismus schuf mit seiner Rassenpolitik jedoch unvergleichbare politisch-ideologische Rahmenbedingungen. Seit den zwanziger Jahren gewann in Akademikerkreisen das gesellschaftsbiologische Denken einen Stellenwert, aus dem sich dann das »rassenhygienische« Programm des Dritten Reiches entwickelte. »Unwertes Leben« wurde zu einem Schlüsselbegriff, »Schwachsinnige«, »Zigeuner«, »Asoziale«, rückfällige Kriminelle waren »erbbelastet«, sie mußten zur »Gesundung des deutschen Volkskörpers« eliminiert werden. Sterilisation und Euthanasie fanden in der Gesetzgebung, vor allem aber in der »wissenschaftlichen« Überzeugung der Ärzte, Biologen und Strafrechtler ihren Niederschlag. Und natürlich auch im antisemitischen Verfolgungswahn des Regimes.

Die konservativen Oberschichten waren dem antisemitischen Treiben zunächst weitgehend ferngeblieben. Man hatte in diesen Kreisen nicht viel gemein mit dem »pöbelhaften« Agieren der Rassisten, die das Volk aufzuputschen versuchten. In den neunziger Jahren griff diese Bewegung aber auch auf die Altkonservativen über. Neue Führungspersönlichkeiten in ihren Reihen erkannten im Erfolg der Sozialdemokratie die verführerische Möglichkeit, durch Massenmobilisierung die gefährdete eigene Machtposition zu bewahren. Hofprediger Adolf Stoecker bemühte sich, die Antisemiten in einer politischen Partei zu sammeln, versuchte – gemeinsam mit dem wegen Unterschlagung vom Dienst suspendierten Lehrer und Vertreiber antisemitischer Hetzgeschichten Hermann Ahlwardt – in der Deutschkonservativen Partei 1893 eine Radikalisierung durchzusetzen. Längerfristig wirkte die Agitation der Antisemiten und Nationalisten auch in den Gruppierungen, die sich in ihrer politischen Propaganda gegenüber den Massen bislang zurückgehalten hatten. Der mythische Begriff »Volk« ersetzte zunehmend die einschränkende Berufung auf den »Staat«. So ließen sich »nichtdeutsche« Minderheiten ausgrenzen, und der »Staatsbürger« wurde gegenüber dem »Blutsbürger« zu einer belanglosen Größe. Eine aggressive Politik nach außen sollte den »Willen der Nation« aufrütteln, und mit populistischen »demokratischen« Formulierungen wie »Fortschritt«, »wider den speichelleckerischen Untertanengeist«, »Freiheit« stellten sich diese Kreise gegen die aus ihrer Sicht laschen Parteien und sogar – trotz klarer monarchischer Ausrichtung – gegen die Dynastie. Heinrich Claß, Vorsitzender der »Alldeutschen«, fand für die neuen Männer auf der politischen Bühne eine Beschreibung, die der von Niekisch über die Nachkriegsjugend in den zwanziger Jahren verblüffend ähnelt: »Wir Jungen waren fortgeschritten; wir waren national schlechthin; wir wollten von Toleranz nichts wissen, wenn sie Volks- und Staatsfeinde schonte; die Humanität im Sinne jener liberalen Auffassung verwarfen wir, weil das eigene Volk dabei zu kurz gekommen wäre.«

Der Versuch der Altkonservativen, die modernen Massenbewegungen für die eigenen Interessen zu nutzen, wird auch in der Gründung des »Bundes der Landwirte« Anfang der neunziger Jahre sichtbar, als die Deutschkonservative Partei in einer tiefen Krise steckte. Die »Junker« mußten in dieser rasch aufblühenden und einflußreichen Organisation den radikaleren Forderungen der mehrheitlich kleinbäuerlichen Mitglieder nachgeben und sprangen skrupellos auf den fahrenden Zug der »Rückwendung zur Ideologie« des Antsemitismus, den sie eigentlich – neben der Stärkung ihrer Basis im Kampf um die Agrarzölle – in seinen extremen Auswüchsen durch die Neugründung eindämmen wollten. Der Zwiespalt, in dem sie sich dabei befanden, läßt sich sehr gut in einer Bemerkung des späteren Vorsitzenden und pommerschen Gutsbesitzers Conrad von Wangenheim erkennen: »… die Regierung kann uns nur dankbar sein, wenn wir die ungebildeten Massen zu leiten suchen, die Unzufriedenheit ist dort eine ganz enorme und die Sprache eine höllisch scharfe, nehmen wir die Sache nicht in die Hand, so tun es Sozialisten und Antisemiten schlimmster Sorte.« Diese elitäre, von Illusionen und eindeutigen Feindbildern getragene Haltung ließ viele Konservative moralische Bedenken wegschieben, machte sie zu Propagandisten primitivster Vorurteile und ließ sie auf dem gleichen politisch-geistigen Niveau argumentieren wie die so verachteten »ungebildeten Massen«.

Im übrigen war Stoeckers Einfluß auf den Hof und die preußischen Konservativen auch ideologisch beträchtlich. »Aber in der elenden Mammonwirtschaft des Schwindels und des Krachs in den siebziger Jahren waren eben die Juden die Führer und Verführer«, predigte er. »Niemand, der sein Volk lieb hatte und über die Ursachen des schnellen moralischen und religiösen Niedergangs nachdachte, konnte vor dieser Tatsache unheilvollen jüdischen Einflusses seine Augen verschließen.«

Solche Gedanken waren zum Allgemeingut der deutschen Intelligenz und der bürgerlichen und ländlichen Schichten geworden. Die beiden großen Erfolgsautoren des frühen Kaiserreiches, Gustav Freytag und Felix Dahn, idealisierten in ihren Romanen das Germanentum mit deutlichen antisemitischen Breitseiten. Paul Lagarde veröffentlichte mit seinen »Deutschen Schriften« einen »Bestseller«, gleiches gilt für Julius Langbehns »Rembrandt als Erzieher«. »Mit Trichinen und Bazillen wird nicht verhandelt, Trichinen und Bazillen werden auch nicht erzogen, sie werden so rasch und gründlich wie möglich vernichtet«, schreibt Lagarde bereits 1887 in seinem Buch »Juden und Indogermanen«. Das ist eine Sprache, die dann Hitler und »Der Stürmer« nicht krasser gebrauchen.

Der vielleicht berühmteste, aber sicher einflußreichste deutsche Künstler im 19. Jahrhundert war der Musiker Richard Wagner. Es soll hier nicht der Komponist und »Rauschmusiker« beurteilt werden. Aber seine Operntexte, seine politisch-künstlerischen Essays sind von Judenhaß durchtränkt. Im »Ring« werden Mime und Alberich zum Prototypen des jüdischen Menschen. Melodieführung, Körpersprache und die im Text gewählten Adjektive, mit denen sie ständig belegt werden – »garstiger Gauch«, »schwarzes, schwieliges Schwefelgezwerg«, »lüstern nach Minne« – drücken unübersehbar antisemitische Gesinnung aus. Der blonde, geistig allerdings – vom Autor ungewollt – etwas beschränkt wirkende Siegfried verkörpert den Gegenpart, die »germanische« Lichtgestalt. Im Gralsreich des »Parsifal« lebt dann auch bereits der faschistische Blutorden auf, »Erlösung«, dieses deutsche Zauberwort für alle Vernunftsverweigerung, wird zum dramaturgischen Eckpunkt der Handlung. Wenn Wagner schon im »Lohengrin« seinen König Heinrich von »des Drangsal Kunde« reden läßt, »die deutsches Land so oft aus Osten traf«, mag das dem etwas harmloseren nationalen Zeitgeist dieser Jahre zuzuschreiben sein. Aber der allumfassende Untergang, den hatten die pathetischen deutschen Wagnerianer längst verinnerlicht. Als ihr Land in Trümmern versank, spielten sie immer noch große Oper und hielten im »Endkampf der Rassen« durch, bis das Ende ihrer falschen Götter nicht nur heraufdämmerte, sondern im eroberten Berlin Wirklichkeit wurde. In seinem berüchtigten Aufsatz »Das Judentum in der Musik« hält Wagner fest: »Denn bei allem Reden und Schreiben für Judenemancipation fühlten wir uns bei wirklicher, thätiger Berührung mit Juden von diesen stets unwillkürlich abgestoßen.«

Nun hat der Arbeiter und kleine Angestellte im Kaiserreich sicher nicht sein letztes Geld zusammengerafft, um zum Bayreuther Weihetempel zu pilgern. Aber es ist für uns Heutige kaum noch nachvollziehbar, welchen »Kult« Wagner im Großbürgertum, in den konservativen Kreisen auslöste. Auch viele deutsche Juden waren ihm erlegen. Nach seinem Tod ließ Witwe Cosima den Antisemitismus zum Credo der Wagner-Gemeinde ausrufen, die »Bayreuther Blätter« wurden zu Kampfschriften. Der englische Schwiegersohn Houston Stewart Chamberlain veröffentlichte 1899 mit seinen »Grundlagen des 19. Jahrhunderts« einen weiteren deutschen »Bestseller«. Ein völkisch-mystisches Machwerk, das Jesus zum Arier erklärte und eine Ansammlung unglaublich geistloser »naturwissenschaftlicher« und philosophischer »Erkenntnisse« bot, die die Rassenideologen faszinierte. Auch für Menschen, die die populistischen Hetztiraden gegen die Juden anwiderten, wurden Chamberlains »Grundlagen« zum wissenschaftlichen Beweis, welch tödliche Gefahren Deutschland von den Juden oder der Vermischung der Rassen drohten. Es ist nur allzu folgerichtig, wenn Hitler später immer wieder davon sprach, beim Besuch von Wagner-Opern sei ihm Deutschlands und seine eigene »Bestimmung« klargeworden.

Im Berlin der siebziger und achtziger Jahre agierte ein Historiker und politischer Publizist, der ebenso wie Wagner zumindest für das deutsche Bürgertum eine ideologische Leitfigur werden sollte. Heinrich von Treitschke forderte in seinen Schriften und Vorlesungen vehement die Stärkung des Obrigkeitsstaates und die Zurückdrängung der parlamentarischen Entwicklungen. Deutschland müsse eine aggressive Weltpolitik führen und Kolonien erobern. Treitschke prägte das Wort, das dann für seine Landsleute zur allumfassenden Begründung herhalten mußte, wenn irgend etwas schieflief im Land: »Die Juden sind unser Unglück.« Treitschke löste den berühmten Berliner Antisemitismusstreit aus, bei dem der liberale Historiker Theodor Mommsen – wie sich mittelfristig zeigen sollte, vergeblich – die Position des aufgeklärten Deutschland einnahm. Treitschkes fünfbändige »Deutsche Geschichte des 19. Jahrhunderts« wurde ein Standardwerk, sein idealisierendes, militantes Bild von Preußens Aufstieg und Ruhm hat Generationen von Lehrern und Schülern gefesselt. Als Redakteur der »Preußischen Jahrbücher« konnte er seine Thesen zudem besonders deren konservativem Leserkreis nahebringen.

Lagarde, Langbehn, Stoecker, Gustav Freytag, Felix Dahn, Wagner, Chamberlain, Treitschke, Claß und andere gleichgesinnte, heute längst vergessene Autoren und Ideengeber waren in der damaligen deutschen Kultur keine Randfiguren. Sie wurden nicht nur in obskuren völkischen Kreisen zustimmend zur Kenntnis genommen, ihre Werke wurden von den gebildeten Deutschen massenhaft gelesen, von Lehrern und Hochschulprofessoren, Gutsbesitzern, den Herren über Industrie und Handel und vom lesefähigen Adel.

Bis in die höchste Staatsführung hinein wirkte ihr Gedankengut und ließ diese die Welt nur noch als Schlachtfeld für den Kampf der guten Germanen und der verderbten jüdischen, slawischen oder welschen Rasse erkennen. Wilhelm II. schrieb am 15. Januar 1917 an Houston Stewart Chamberlain, einen seiner Lieblingsautoren: »Der Krieg ist der Kampf zwischen zwei

Weltanschauungen; der germanisch-deutschen für Sitte, Recht, Treue und Glauben, wahre Humanität, Wahrheit und echte Freiheit, gegen Mammonsdienst, Geldmacht, Genuß, Landgier, Lüge, Verrat, Betrug und nicht zuletzt Meuchelmord!« General August von Mackensen erreichten am 2. Dezember 1919 die folgenden Zeilen des schon im holländischen Exil lebenden Kaisers: »Die tiefste, gemeinste Schande, die je ein Volk in der Geschichte fertiggebracht, die Deutschen haben sie verübt an sich selbst. Angehetzt und verführt durch den ihnen verhaßten Stamm Juda, der Gastrecht bei ihnen genoß! Das war sein Dank! Kein Deutscher vergesse das je, und ruhe nicht, bis nicht diese Schmarotzer vom deutschen Boden vertilgt und ausgerottet sind! Dieser Giftpilz am deutschen Eichbaum!«

In den ersten Jahren des Dritten Reiches war der Ausrottungswunsch des Ex-Kaisers noch nicht in der Planung des Regimes. Es »beschränkte« sich mit seinen verbrecherischen Rassengesetzen auf eine scharfe Ausgrenzung der jüdischen Mitbürger und sah in der Auswanderung das zunächst anzustrebende Ziel. Bis zum Jahr 1938, als die Verfolgung der deutschen Juden eine neue Dimension erreichte (Verhaftungswelle gegen Landstreicher, »Zigeuner«, Vorbestrafte und auch Juden, Vertreibung in Deutschland lebender polnischer Juden, die sogenannte »Reichskristallnacht«), die nicht nur gesellschaftliche, sondern auch physische Vernichtung in den Bereich des Möglichen erhob, hielten sich die »geistigen« Eliten von dem »primitiven« Antisemitismus der Straße zurück, wie er sich etwa in Julius Streichers Hetzkampagnen oder im Vorgehen der SA zeigte. Für die nationalsozialistische Führung war das Problem der

»Reinerhaltung der Rasse« eine Frage der »Weltanschauung«, die es kühl und konsequent zu lösen galt. Was schließlich mit einem jede moralische Norm beiseite schiebenden Einsatz geschah. Legitimiert fühlten sich die »akademischen« Befürworter und Organisatoren des Holocaust durch ihr Bild von einer Welt der Rassenkämpfe und durch den Grundsatz, daß der »höhere Zweck« des völkischen Willens über jedem Recht und jeder Humanität stehe. So erfüllten sich auf grauenhafte Weise die Vernichtungsphantasien, die in Deutschland über einen langen Zeitraum die öffentliche Diskussion beeinflußt hatten.

Warum wir? Weil in den 150 Jahren nach der Französischen Revolution in Deutschland kein selbstbewußtes Bürgertum und keine klassenbewußte Arbeiterschaft entstanden ist wie in England und in Frankreich. Dort erkämpften sich – häufig auch im Gegeneinander – diese für die Moderne entscheidenden gesellschaftlichen Kräfte ihre demokratischen Rechte gegen den Widerstand der Konservativen in Adel, Kirche und Militär. Sie erlebten angesichts der sich neu entwickelnden kapitalistischen Strukturen viele Rückschläge, aber die Auseinandersetzungen mündeten in Verfassungen und politische Systeme ein, die zu einer innerstaatlichen Balance führten. Sie bewahrte die Völker dieser Staaten in Krisenzeiten vor extremen politischen Aktionen. Die Deutschen ließen sich dagegen von Preußens Konservativen und der Restaurationspolitik der Metternich-Ära, den militärischen Triumphen ihrer Generale und den pseudowissenschaftlichen Pamphleten ihrer antidemokratischen Intellektuellen, der Bismarckschen Politik der gesellschaftlichen Spaltung, die sich in den

Sozialistengesetzen und im Kulturkampf widerspiegelte, und dem Ansturm der Radikalen auf die Errungenschaften der Weimarer Republik das Rückgrat brechen. Sie traten bald wehleidig und unpolitisch den Rückzug in die »Innerlichkeit« an. Nach den Freiheitskriegen gegen Napoleon forderten die deutschen Patrioten in den Jahren zwischen 1815 und 1820 nicht den Preis für ihren vaterländischen Einsatz, der die Throne ihrer Herrscher gerettet hatte. Das Paulskirchenparlament ließ sich 1849 von Soldaten auseinandertreiben, und niemand wehrte sich. Nicht die Bürger, nicht die Bauern und nicht die Arbeiter schufen zwischen 1864 und 1871 das Reich, sondern Bismarck, Moltke und die preußische Armee. Die Deutschen suchten sich Ersatzdrogen für die eigene Mutlosigkeit und überspielten mit omnipotenten Machtansprüchen und brachialem Auftreten die wachsenden Minderwertigkeitsgefühle. Hinter übersteigerten Machtgespinsten und mystischen Vernebelungen blendeten sie immer wieder die Wirklichkeit aus, forderten ihren »Platz an der Sonne« und schließlich das judenreine germanische Großreich.

Hitler war also kein geistiger Außenseiter im Land, das er dann schließlich beherrschte. Selbst der Holocaust ist in vielen Schriften und Reden der für die meisten Deutschen einflußreichsten Autoritäten aus der politischen und intellektuellen Szene schon vor seinem schändlichen Auftritt in der Geschichte »gedacht« worden. Es war nicht der deutsche Antisemitismus allein, der nach Auschwitz führte, aber ohne ihn sind die Todeslager nicht denkbar, und er hatte einen wesentlich größeren Anteil am Geschehen, als viele es bis heute wahrhaben wollen. Dies kann weder durch den Hinweis auf das antijüdische Denken in vielen anderen Staaten bagatellisiert werden noch durch die Tatsachen, daß an den Massenerschießungen jüdischer Menschen im Osten auch ukrainische Hilfstruppen oder luxemburgische Polizisten teilnahmen, Beamte des Vichy-Regimes französische Juden ihren deutschen Henkern auslieferten oder die Kollaboration in Kroatien und der Slowakei ein beachtliches Ausmaß erreichte. Auslöser dieser Untaten waren die deutschen Besatzer.

Sicher ist der Hinweis richtig, daß die Verwirklichung der Rassen- und Hegemoniepläne der rechtsradikalen und konservativen Politik durch die historischen Entwicklungen erst wirklich virulent wurden. Agrarier, Industrielle und der konservative Adel instrumentalisierten den »Kampf um Lebensraum«, um ihre ökonomischen und politischen Interessen zu wahren. Der hohe Wahlsieg der Sozialdemokratie bei den Wahlen von 1912, die russische Revolution von 1917 und die der Kriegsniederlage 1918/19 folgende politische Umwälzung in Deutschland lösten bei den bis dahin herrschenden Kräften einen Schock aus. Sie versuchten durch ein Bündnis mit den nichtsozialistischen Massen eine Abwehrfront gegen Wahlrecht und Demokratie zu errichten. Das wirksamste Mittel dafür waren die populistischen Ideologien des Antikommunismus und Antisemitismus, die sich zu einem tösenden Nationalismus bündelten. Auf dieser Basis ließen sich die idealen Sündenböcke für die Wirrnisse der Zeit und das eigene historische Versagen benennen. Ihre massenhafte Gefolgschaft fanden die Verschwörungspropheten der »bolschewistisch-jüdischen« Gefahr auch in den zwanziger und dreißiger Jahren im Kleinbürgertum und bei den Bauern, bei ei-

nem Teil der Arbeiterschaft, bei den »völkisch« Denken-
den und im konservativen Bürgertum. Sie nutzten die
Verunsicherungen und die Orientierungslosigkeit, die in
diesen Schichten der »Wertezusammenbruch« und die
ökonomischen Krisen ausgelöst haben. Aber auch dabei
gilt: Diese Politik des »Freund-Feind-Denkens« konnte
nur Erfolg haben, weil sie schon seit den fünfziger Jahren des 19. Jahrhunderts das Thema der Deutschen war.

In den wichtigen Beamten- und Wehrmachtsfunktio-
nen des Dritten Reiches waren jüngere Männer zu finden, deren geistige Ausbildung in die frühen Weimarer
Jahre fiel. Sie waren geprägt vom Zeitgeist des rechten
Konservatismus, der in Edgar Jung, Ernst Jünger, Carl
Schmitt, im Stefan George-Kreis und in der radikalisierten Jugendbewegung seine einflußreichen Propagandisten fand. Bei allen intellektuellen Unterschieden
war ihnen gemeinsam, daß sie die »liberale Humani-
tätsduselei« scharf ablehnten, ihre Gewaltphantasien
von Gesellschaften schwärmten, die sich in einem per-
manenten Überlebenskampf (»heroischer Realismus«)
bewährten. Ulrich Herbert hat in einer überzeugenden
biographischen Studie über den stellvertretenden Ge-
stapo-Chef Werner Best einen Prototyp dieser Generation der »Schreibtischtäter« dargestellt. »Der politische Totalitätsgrundsatz des Nationalsozialismus«, so
zitiert Herbert den nahezu unbehelligt das Dritte Reich
um 44 Jahre überlebenden Werner Best, »der dem welt-
anschaulichen Grundsatz der organischen und unteilbaren Volkseinheit entspricht, duldet keine politische
Willensbildung in seinem Bereiche, die sich nicht der
Gesamtwillensbildung einfügt. Jeder Versuch, eine andere politische Auffassung durchzusetzen oder auch

nur aufrecht zu erhalten, wird als Krankheitserscheinung, die die generelle Einheit des unteilbaren Volksorganismus bedroht, ohne Rücksicht auf das subjektive Wollen seines Trägers ausgemerzt.« Diese Sätze enthalten nicht nur einen alle humanen Grenzen sprengenden totalitären Herrschaftsanspruch, sondern auch die Kernbegriffe einer Weltanschauung, die im bisherigen Verlauf der Geschichte in keiner anderen Zivilgesellschaft zur Staatspolitik erhoben worden sind.


## Kontrolle der Macht

Vergangenheit läßt sich nicht auslöschen. Häuser können wieder aufgebaut werden, materielle Wiedergutmachung ist möglich, aber ermordete Menschen bleiben im Reich der Toten. Auch wenn wir wollten, wir können die Geschehnisse des Dritten Reiches nicht ohne die Heraufbeschwörung gesellschaftlicher »Krankheitssymptome« aus unserem Gedächtnis streichen. Die Generationen der Nachgeborenen haben in dieser Frage keine freie Wahl, sie müssen die Geschichte annehmen und sich mit ihr auseinandersetzen. Das trifft auf alle Völker zu. Frankreich und die Geschehnisse in Algerien, die USA und Vietnam, Großbritannien und die afrikanischen Ruinen seines ehemaligen Kolonialreiches – die Liste wäre unendlich. Aber es bleibt, was Jürgen Habermas einmal mit Blick auf den Holocaust in dem sehr einfachen Satz festhielt: »Wir sind nicht irgendein Land.«

Wir wissen heute, was geschah und wie es geschah. In den letzten 30 Jahren haben deutsche, angelsächsische und französische Historiker die Geschichte des

Dritten Reiches und des Holocaust, die gesellschaftlichen und ökonomischen Strukturen, die zur Herrschaft der Nationalsozialisten führten, die Planung und Durchführung von Krieg und Vernichtung in zahlreichen Untersuchungen dargestellt. Einzelstudien über die Verstrickungen von Wehrmacht, Justiz, Kirche, Bürokratie, Ärzteschaft, Industrie oder Intellektuellen wurden veröffentlicht. Sie haben verharmlosende Legenden zerstört und deutlich gemacht, daß der Täterkreis erheblich umfangreicher war, als die Verdränger der Nachkriegszeit es suggerierten. Es gibt noch manche Erkenntnislücke, aber das historische Gesamtszenario der jüngeren deutschen Geschichte liegt nicht mehr im dunkeln. Wer nicht wieder die Augen verschließt, wird erkennen, daß vieles von dem, was damals geschah, »erklärbar« ist. Nicht mythisches Schicksalswalten, sondern der irrsinnige Machtanspruch, politische Unzulänglichkeit, chauvinistische Geschichtsbetrachtung, irrationale Erlösungsrezepte, menschliches Versagen, mangelnde Zivilcourage und zynische Verachtung des Lebens führten zu den Vernichtungslagern.

Das Handeln der Völker und ihrer politischen Eliten zeigt, daß wir wohl doch weitgehend unfähig sind, aus der Geschichte zu lernen. Trotzdem: Wenn es für uns eine Lehre aus dem Geschehen des Dritten Reiches gibt, dann die, daß politische Macht ohne demokratische und rechtsstaatliche Kontrolle sich unheilvoll verselbständigt. Es gibt keine guten oder bösen Nationen. Demokratie ersetzt nicht automatisch ein gesellschaftliches Wertesystem, das auf Toleranz gegenüber dem Anderen, auf friedlichen Konfliktlösungen und Achtung des Rechts beruht. Aber sie ist – bei allen Unzulänglichkei-

ten, die wir täglich beobachten können – die unabding-
bare Voraussetzung dafür, daß keine gesellschaftlichen
Strukturen und Systeme entstehen bzw. keine geistig-
kulturellen Ideologien die Oberhand gewinnen, die
Kräfte in den Vordergrund spülen oder Massenbewegungen auslösen, deren Wertvorstellungen von Gewalt
und egomanischem Macht- und Besitzanspruch getra-
gen werden.

Die Geschichte der Bundesrepublik hat dies ein-
drucksvoll bestätigt. Das – zunächst etwas mühsame –
Bekenntnis zu Parlamentarismus und Demokratie hat
die deutsche Gesellschaft befriedet. Wir träumen nicht
mehr von »Weltpolitik« oder germanischen Großrei-
chen, wir suchen nicht mehr unsere Zukunft in militärischen Abenteuern, unsere Nachbarn müssen sich nicht
mehr vor teutonischen Machtansprüchen fürchten. Es
gehen viele Tausende auf die Straße, wenn der Ungeist
des Rassismus sich erneut zu Wort und Tat meldet. Weil
wir uns in den vergangenen 50 Jahren dem westlichen
Parlamentarismus zugewandt haben, blicken wir auf
die glücklichste Periode deutscher Geschichte zurück.
Die Bürger in der DDR mußten in diesen Jahrzehnten
dagegen erneut in einer Diktatur leben. Sie war zwar
nicht vergleichbar mit dem nationalsozialistischen Regime – zumal die Herrschaft der alles entscheidenden
Partei den Bürgern aufgezwungen wurde –, aber Menschenverachtung und Abwendung von der Wirklichkeit waren auch ihre Markenzeichen.

Mit dem Zusammenbruch des sowjetischen Impe-
riums zu Beginn der neunziger Jahre ging das ideologische Jahrhundert zu Ende, das die europäische Geschichte auf so folgenreiche Weise geprägt hat. Der von

Deutschland ausgelöste Krieg hatte Stalins Machtbereich bis an die Ufer der Elbe vorgeschoben und den Völkern Osteuropas für weitere fünf Jahrzehnte Freiheit und politische Selbständigkeit geraubt. Auch dies haben wir im lauten Ost-West-Konflikt sehr bereitwillig verdrängt, häufig Ursache und Wirkung verwechselnd oder – siehe Ernst Nolte – verfälschend.

Es gibt kein Ende der Geschichte, wie nach dem Etappensieg des Kapitalismus mancher vorschnelle Analytiker schon jubelte. Krieg und Bürgerkrieg, Folter und Vertreibungen, ökologische Zerstörungen und soziale Verwerfungen sind nicht aus der Welt verschwunden. Im Gegenteil, die Herausforderungen an das liberal-parlamentarische System wachsen und zu allzu großem Optimismus gibt es keinen Anlaß. Der Holocaust hat den Fortschrittsglauben, der im 19. Jahrhundert die westliche Welt enthusiastisch ergriff, endgültig zertrümmert. Es scheint, angesichts einer sich ausbreitenden Krisenstimmung und Ratlosigkeit beginnt wieder die Stunde der fundamentalen Vereinfacher zu schlagen. Erneut wird Vernunft durch »Weltanschauung« ersetzt, die sich mit dem Mantel religiöser, ethnischer oder politischer Absolutheitsansprüche kleidet. Nicht nur in der islamischen Welt oder in den Forderungen des indischen Hinduismus und der chinesischen Parteielite wird dies sichtbar, sondern auch in der Unfähigkeit der modernen Industrienationen, den epochalen technologischen und sozialen Umbrüchen, die ihre Gesellschaften treffen, mit einem veränderten Denken entgegenzutreten. Kapitalismus pur als einzige Antwort ist so fundamental wie der Ruf nach dem Heiligen Krieg gegen die Ungläubigen.

Hitler wurde möglich, weil über Generationen hinweg der Glaube gewachsen war, es gäbe eine fundamentale »Erlösung« aus all den sozialen, politischen und geistigen Wirrnissen der Zeit. Im Dritten Reich kulminierte die Krise der Moderne in einem Gewaltausbruch, der schließlich alle Hemmungen überrollte. Humanität und Ratio blieben dabei – allen »Erklärungen« zum Trotz – in einem immer noch unfaßbaren Ausmaß auf der Strecke. Wenn wir dies vergessen, die Opfer der hybriden Allmachtswünsche, die Menschen gottähnlich millionenfach über Leben und Tod »eiskalt« entscheiden ließen, aus der historischen Erinnerung herausnehmen, verspielen wir auch unsere Zukunft.